验语术话集

陈泽安 著

科学普及出版社
·北京·

图书在版编目（CIP）数据

反驳话术 / 陈泽安著. -- 北京：科学普及出版社，
2025. 1. -- ISBN 978-7-110-10885-7

Ⅰ. H019-49

中国国家版本馆CIP数据核字第2024CR2078号

特约策划	王晶波	
责任编辑	孙　楠	
装帧设计	陈保全	
责任印制	李晓霖	

出　　版	科学普及出版社
发　　行	中国科学技术出版社有限公司
地　　址	北京市海淀区中关村南大街 16 号
邮　　编	100081
发行电话	010-62173865
传　　真	010-62173081
网　　址	http://www.cspbooks.com.cn

开　　本	710mm×1000mm　1/16
字　　数	127 千字
印　　张	10
版　　次	2025 年 1 月第 1 版
印　　次	2025 年 1 月第 1 次印刷
印　　刷	德富泰（唐山）印务有限公司
书　　号	ISBN 978-7-110-10885-7 / H·251
定　　价	48.00 元

在这个人际关系复杂的世界里，我们总会遇到一些让人哭笑不得的角色：那些喜欢在茶水间播报"独家新闻"的八卦达人，那些总是忍不住对你的生活指指点点的"生活导师"，还有那些自诩为潮流风向标的"时尚警察"……

他们的一言一行，有时候就像是一场场小小的"社交地震"，让我们的心情从晴空万里瞬间转为乌云密布。更让人头疼的是，当我们试图反驳时，却往往因为缺乏策略而变得手忙脚乱，甚至不小心把关系搞得更僵。

这些沟通的小挑战，正是我们共同的"痛点"。我们渴望被理解，希望被尊重，但往往在反驳的战场上败下阵来，让原本就微妙的关系雪上加霜。

别担心，《反驳话术》就是你的"社交救星"！这本书就像是一把锋利的剑，专门用来斩断沟通中的荆棘。它为你提供了一套精心设计的反驳策略，让你在面对沟通难题时能够举一反三，从容应对，游刃有余。

《反驳话术》不仅教你如何巧妙地反驳，更重要的是，它将让你学会如何在保持风度的同时，优雅地表达自己的观点。书中的每一个策略都像是一颗颗智慧的种子，播撒在你的社交土壤中，帮助你在人际关系的花园里培育出和谐与尊重的花朵。

我们通过一系列生动的案例，展示了在不同情境下如何运用反驳技巧。从办公室政治到家庭聚会，从朋友间的闲聊到正式的商务谈判，每一个案例都是你生活中可能遇到的真实写照。

我们还深入探讨了那些嫉妒心强、喜欢戏谑他人、爱发牢骚、自以为是、心怀偏见的人背后的心理动机。了解他们的内心世界，你就能更好地理解他们的行为，从而找到更有效的沟通策略。

书中不仅提供了正确的反驳话术，供你采用；也提供了错误的反驳话术，令你反思。更重要的是，我们教你如何通过非语言信号、情绪管理、逻辑推理等技巧，让你能够立即将所学应用到实际生活中，看到立竿见影的效果。

我们相信，即使是在讨论严肃的话题时，幽默也是最好的润滑剂。因此，本书的语言风格轻松诙谐，旨在让你在愉快的阅读过程中，学到实用的沟通技巧。

在这个充满挑战的沟通世界里，《反驳话术》将是你的得力助手。它不仅教会你如何反驳，更重要的是，它让你学会如何在保持个人立场的同时，赢得他人的尊重和理解。无论你是社交新手还是资深沟通者，这本书都将为你打开新的视角，让你在人际交往中游刃有余。

《反驳话术》就像是你沟通旅程中的一盏明灯，照亮你前行的道路，让你在每一次沟通中都能从容不迫、自信满满。无论你是职场新人还是资深老将，无论你是家庭主妇还是企业高管，这本书都能为你提供宝贵的沟通智慧与策略支持。

现在就让我们一起翻开这本书吧！让我们一起学习如何用智慧的话术去回应各种言语、化解尴尬氛围、增进人际关系。记住，每一次对话都是一次成长的机会，而《反驳话术》将是你成长路上的加速器。

目录

PART 1 反驳，有时就是要一剑封喉

PART 2 反驳，有时是为了阻止人得寸进尺

PART 3 反驳，有时也可以很温柔

yes

no

PART1 反驳，
有时就是要一剑封喉

　　一剑封喉的反驳，不仅是言语的艺术，更是智慧的较量。想象一下，面对造谣者的无中生有，你只需一句调侃，便让对方哑口无言；面对无端指责，你轻轻一句反问，便让对方自食其果……面临言语攻击时，如何见招拆招，用智慧之剑，让对手无处遁形呢？

01 面对喜欢造谣生事的人，顺着谣言调侃一下

生活中，总有些"小剧场"爱好者，喜欢无中生有，造谣生事，给我们的生活添点"色彩"。不过别担心，兵来将挡，水来土掩，咱们有智慧作为武器，让谣言灰飞烟灭。

一、顺着谣言调侃一下

在办公室的茶水间，你正在喝茶，小姚忽地凑近你，神秘地说："听说因为你上周的报告出了点岔子，上头考虑要调整你的岗位了。"同时，你还看到不远处有其他同事也朝你投来异样的目光。

你心下一惊，虽然近期工作确实面临挑战，但从未听说这种消息。

你不喜欢小姚这种造谣生事的嘴脸，于是恼火地回应——

错误反驳：你这消息哪儿听来的？别乱传，我好着呢！

你的话语一出，小姚立刻涨红了脸："我也是听别人说的，你这么激动干什么？又不是我说的！"

错误原因：直接否认并指责对方散播谣言，不仅无法有效阻止谣言扩散，反而让对方感到被攻击，触发了他的自我辩护机制，使得氛围更加紧张。此外，这样的反应没有给出任何正面信息，对方可能更加肆无忌惮地造谣。

小姚为什么造谣呢？可能是为了寻求关注与话题主导权，通过分享所谓的"内部消息"，让自己成为信息的焦点，满足被关注的需要；也可能是为了缓解自身焦虑，应对工作压力，通过谈论他人的困境，潜意识中让自己感觉相对安全，是一种心理上的自我保护。

然而，这样的行为无疑会对个人信誉和团队氛围造成不良影响。因此，

在这样的社交情境下，顺着他的谣言调侃一下，既能揭露谣言的荒谬，又能缓和现场气氛。

正确反驳：是嘛，我要是真的被调整岗位，那得感谢你提前给我预演"职业变动"的剧本，让我有个心理准备。不过，谣言止于智者，咱们还是等官方消息吧。

正确原因：首先，你用调侃的方式回应，轻松地将紧张气氛化解，让小姚意识到自己话语的不实和夸张，减少了对抗感；其次，通过间接提醒"谣言止于智者"，既婉转地表达了对传播谣言的不赞同，又没有直接指责，保全了小姚的面子；最后，提醒小姚关注正式渠道的信息，有助于谣言的自然消散，同时彰显了你的成熟与理性。

二、反证法，使对方自相矛盾

傍晚时分，你满心欢喜地结束了工作日，正准备迈出公司大门，小杨匆匆赶来，凑近你耳边低语："听说公司即将裁员，而且名单上有你的名字。"他的语气中带着幸灾乐祸。

你内心一紧，虽然公司确有结构调整，裁员传言却从未入耳，更别说自己会被列入其中。

一时冲动之下，你脱口而出——

错误反驳：你这是在胡扯什么？我怎么可能被裁？

小杨听后，脸上闪过不悦："我只是好心提醒，你却这种反应。不信的话，你自己去打听打听！"言毕，他扬长而去。

错误原因：你的反驳过于直接和冲动，没有采用任何策略，只是单纯地否认。这样的回应很容易让对方产生抵触情绪，觉得你在逃避或掩盖事实。而且，你没有提供任何证据来支持自己的观点，只是空洞地否认，这很难让人信服。

面对这种情况，采用反证法，巧妙诱导对方自相矛盾，是更佳的应对策略。

正确反驳：哦，是吗？那我倒想请教一下，这个名单你是从何得知的？如果是公司内部人士泄露，那可是违反保密协议的大事；若是你自己臆想，那你的创意还真丰富。不过，就算真有此事，我也无所畏惧。毕竟，我相信凭借我的工作表现，裁员风波难以触及我。

正确原因：首先询问名单来源，让小杨处于两难境地，无论他如何回答都会暴露出问题。接着，你又以一种积极、自信的态度面对可能的裁员，表达了自己对工作能力的自信，这让小杨的谣言显得更加荒谬。

三、逻辑链条一拉，令其破绽无处藏

在繁忙的城市单元楼里，电梯成了邻里间短暂交流的场所。这天，你和同楼的小史在电梯里相遇，他忽然靠近，压低声音说："你知道吗？听说你打算把顶楼的公共区域改成私人花园，这事儿在业主群里都炸锅了。"

你心中一惊，那片公共区域是大家共享的休闲之地，你从未有过那样的想法。一时冲动，你回了一句——

错误反驳：你这是听谁说的？简直是没事找事！吃饱了撑的！

小史听了，脸色一沉："我只是随口一提，你何必说得这么难听，好像我有意冤枉你似的。"说着拿背对着你。

错误原因：这种直接的否定和带着情绪的反驳，非但没有澄清误会，反而激起了对方的反感，让人觉得你在急于撇清，可能导致谣言越描越黑。此外，没有提出具体的反驳理由，让人感觉缺乏说服力。

面对这样的情况，运用逻辑推理，逐步揭示谣言的不合理之处，是一种更为智慧的应对方式。

正确反驳：小史，我理解大家对公共区域的关心，但这个谣言让我困

感。首先，我没有改造顶楼公共区域的计划。其次，改造涉及全体业主权益，需经严格审批和业主大会投票，我怎么会擅自决定？再者，改变公共区域用途是违法的，我不会冒险。可别让谣言破坏邻里和谐啊！

正确原因：首先你平和表达了对谣言的困惑，降低对方戒备。接着通过逻辑链条指出谣言不合理：个人上，否认并强调立场；程序上，强调改造需经严格程序；后果上，提及违法风险。最后，强调维护邻里和谐，让对方意识到传播谣言的负面影响。此反驳既有力又得体，能阻止谣言扩散，维护个人和社区形象。

小结

造谣生事者的心理动机

造谣者或许想抢风头，靠"内幕"夺人眼球；或许想释放压力，聊他人困境以求自我安慰，真是自欺欺人呀！

如何应对造谣生事的人

❶ 谣言来袭，不妨调侃一下，轻松戳破谎言，还能让造谣者自讨没趣。

❷ 反证一出手，造谣者自相矛盾，谣言无处躲，智者自然清。

❸ 拉出逻辑链条，谣言破绽百出，智者一目了然，造谣者无处遁形。

---

02 面对心存歧视的人，以子之矛，攻子之盾

你是否曾遭遇突如其来的歧视？那些刺耳的言语，是否让你愤怒又无助？面对心存歧视的人，我们该如何机智应对，既维护自己的尊严，又能让

对方意识到错误？下面为你揭秘应对策略，让你轻松化解尴尬，彰显智慧与气度。

一、以子之矛，攻子之盾

你今天心情不错，兴奋地走在熙熙攘攘的街头，突然，听到有人小声议论，但很刺耳："长成这样，还出来影响市容！"

这样的话语，无疑是一种歧视和伤害。你感到愤怒和委屈，立即反唇相讥——

错误反驳：我长什么样儿，关你什么事，你才是丑八怪呢！

对方立即回应：哟嗬，急啦！是你丑，还是我丑，明眼人一看便知。

错误原因：你的回应陷入了对方设置的"外貌评价"的陷阱，没有跳出这个框架去思考问题。你试图通过否定对方的评价来证明自己，但这实际上是在和对方争论一个主观的标准——美丑。这样的争论很难有结果，反而可能激化矛盾。

心存歧视的人可能源于偏见、无知或恐惧。他们可能觉得通过贬低他人，能提升自身优越感。然而，这种心态忽视了人人平等与尊重的价值观，不仅伤害被歧视者，也反映出歧视者内心的狭隘与不自信。歧视别人无法为自己赢得真正的自尊和尊重。

那么，如何更有效地回应这种歧视呢？你可以尝试"以子之矛，攻子之盾"的策略。不要和对方去争论外貌的美丑，而是将焦点转移到对方的行为和态度上。你可以笑着回应——

正确反驳：我是很丑，甚至不想活了，但是看到你这么没素质的人还活着，我又有了活下去的勇气！

正确原因：首先，你没有直接回应对方关于外貌的评价，而是巧妙地转移了话题。你通过指出对方的无礼行为，来揭示其素质上的问题。这实际上是在用对方的言行来反击他们，让他们意识到自己的问题。其次，你的回应带有一种自嘲的成分，显示出你的自信和从容；并且带有一种幽默和讽刺的意味，让对方无法再继续攻击。面对歧视，你没有选择逃避或愤怒反击，而是以一种乐观和勇敢的态度去面对。这种态度本身，就是对歧视最有力的回击。

二、揭示歧视的逻辑谬误

你参加一个朋友的聚会，发现一个西装革履的人，正跟另外一个人在小声议论你，他不屑地说："看他这一身打扮，肯定是从小地方来的吧？真是土得掉渣。"

这种明显的歧视让你感到不悦，于是你当即冲上去回应——

错误反驳：谁说小地方来的人就土了？你这是歧视！

错误原因：这种反驳方式过于情绪化，且未直接指出对方逻辑上的谬误，只是单纯否认了对方的歧视，容易引发争吵，而不能有效地让对方认识到自己言论的问题，也无法从根本上改变对方的歧视态度。

那么，怎样的反驳才是正确的呢？你可以冷静而坚定地回应——

正确反驳：仅仅因为一个人的打扮或出生地就判断其品位和价值，这是不是太片面了呢？请自省一下，是你的逻辑出了问题吧！

正确原因：首先，你没有直接回应他的歧视性判断，而是指出了他逻辑上的错误。这避免了陷入无意义的争论，同时也让对方意识到自己的言论存在问题。其次，你的言辞简洁有力，没有过多的情绪化表达，这保持了反驳的客观性。最后，通过指出其逻辑谬误，你实际上是在教育对方如何更加公正、客观地看待问题。歧视往往源于偏见和刻板印象，通过揭示歧视言论中的逻辑谬误，我们可以有效地反驳这些不公正的观点。

三、鼓励对方设身处地，自我反思

在一次社区活动中，你遇到了老石，他正和几位邻居热烈地讨论着最近的新闻事件，其中不乏对某一类人的负面评价。老李转头对你说："那些外来的人，总爱扎堆，还喜欢占我们本地人的便宜，你说是不是？"他的言语中透露出明显的偏见。

你一听，立刻皱眉，不假思索地反驳——

错误反驳：你这是地域歧视，太不公平了！你应该多些包容心。

老李一听，脸上的笑容消失，语气变得尖锐："我这是实话实说，你倒好，一顶大帽子扣下来，我怎么就不公平了？"

错误原因：你这种直接的指责和道德绑架，虽然出发点是好的，但往往会使对方产生防御心理，觉得被攻击，从而更加固执己见。缺乏具体事实和理性论述，容易让对话陷入僵局，无助于消除歧视，反而可能加剧双方的对立情绪。

如果你能意识到直接对抗的不妥，调整策略，让他设身处地想想，效果就会不一样。

正确反驳：我能理解你对社区变化的担忧，但想象一下，如果你身处异地他乡，是不是也希望得到当地人的理解和支持？他们中的很多人，来到我们这里，也是为了更好的生活而努力。试着换位思考，你会发现，每个人的故事都值得尊重，而不是被贴上简单的标签和持有偏见。

正确原因：在于它以共情为起点，通过"想象你也身处异地他乡"的情景模拟，引导老李从对方的角度思考问题，激发其内在的同理心。而且，整个反驳过程中，你保持了平和且尊重的语气，没有直接指责，而是以开放和包容的心态进行对话，为对方留下了反思的空间，有利于促进理解和接纳。

心存歧视者的心理动机

心存歧视？那可能是偏见、无知在作祟。贬低别人，真的能让你更有优越感吗？别忘了，每个人都应得到平等和尊重，歧视只会显露你内心的狭隘哦！

如何应对心存歧视的人

❶ 避其锋芒，巧转话题，用对方之矛攻对方之盾，幽默自嘲中显自信，让歧视者无言以对。

❷ 冷静指出逻辑谬误，简洁有力，教育对方要公正客观，让歧视言论不攻自破。

❸ 引导对方换位思考，点燃同理心，以平和尊重促反思，让歧视者自我觉醒。

03 面对傲慢无礼的人，借力打力，令其自食苦果

你是否经常遇到傲慢无礼的人，他们的话语像刺一样扎人，让你无所适从？别再因此生气了！下面带你探索这类人的心理动机，并教会你如何高情商应对，让你轻松化解尴尬，重拾对话的主动权。

一、借力打力，令其自食其果

你走在公园的一条窄路上，迎面遇到了一个粗鲁的家伙。此刻他嘴角挂着一丝不屑的笑意，傲慢地对你说："我是不给蠢货让路的！"

听到这话，你心中涌起一股怒火，但初次交锋，你没有经验，选择了直接回怼。

错误反驳：你才是蠢货呢！你凭什么这么说我？

他冷笑一声，嘲讽地回应："哼，看来你真的不聪明。"

错误原因：首先，你直接采用了攻击性的语言，这很容易激起对方的敌意，使得对话更加紧张。其次，你的回应没有实质性的内容，只是单纯地反驳了对方的观点，没有提出自己的见解或策略。最后，这样的回应很容易让你陷入情绪化的争吵，而无法有效地解决问题。

那些傲慢无礼的人可能出于以下心理动机：自我中心和自我优越感，渴望得到他人的赞扬和认同；源于内心的自卑感，试图通过傲慢来掩饰；认知偏差，过度自信而忽视他人观点；情绪倦怠导致的冷漠和疏离。

那么，如何正确地回应对方的傲慢无礼呢？你可以微微一笑，平静地说——

正确反驳：我恰恰相反。（说着你便侧身让路）

正确原因：首先，展现了你的从容和自信，不被对方的挑衅所影响，保持了对话的平和氛围。其次，通过侧身让路的实际行动，你实际上是以一种优雅的方式反衬出对方的无礼，让其言行显得更加突兀和不得体。最后，你巧妙地利用了对方的傲慢言论作为"力"，通过表面上顺应他的逻辑但实际上是反转其意的方式，将这种力量反弹回去，让他的言论反而成了攻击他自己的武器。这种说话技巧不仅避免了直接冲突，还利用对方的攻击作为一种武器，使得对方的无礼言论自我失效。

二、共情表达，建立连接

你在公司的一个会议上，遇到了一个傲慢无礼的同事。他以一种居高临下的态度对你说："你这种想法太幼稚了，根本就不懂这个项目。"

此刻，你心中的怒火熊熊燃烧，很想直接反驳他。

错误反驳：你怎么能这么说话？我的想法怎么就幼稚了？你凭什么这么

武断？

然而，这样的回应往往只会让对方更加傲慢，不屑再跟你说话。

错误原因：首先，你的回应充满了情绪，这很容易让对方感受到攻击性，从而加剧冲突。其次，你没有试图理解对方的立场，只是单纯地捍卫自己的观点，这不利于建立有效的沟通。

那么，如何正确地回应这种傲慢无礼的态度呢？

正确反驳：我理解在压力大的时候，人都可能显得有些急躁。我们都有这样的时刻，不妨放松一下，让我们从一个更积极的角度重新开始对话。

正确原因：首先在于你通过共情建立了与对方的情感连接。你让他感受到，你理解他的压力和情绪，这有助于缓和他的防御心理。当他感到被理解和尊重时，更容易与你进行深入的沟通。其次，你提出了一个积极的解决方案，而不是陷入无休止的争吵。这展现了你的成熟和理智。你向对方传递了一个信息：你愿意与他合作，共同寻找问题的解决方案。这样的态度往往能让对方放下傲慢，更愿意与你携手前行。

三、以问代答，令其反思

在我们居住的小区，总有些邻居喜欢以高人一等的姿态出现，对周围的一切指指点点，仿佛自己是品位的代言人。他们总是对他人的生活方式，甚至日常穿着评头论足，每次开口都是一副"我最懂"的模样，让人颇感不悦。

某天，某位傲慢无礼的邻居又对你的衣着进行了大肆批评："你这穿着搭配太乱了，真是没品位。"

她的话让你感到一阵不悦，于是你这样回怼她——

错误反驳：你凭什么这么说？我的穿着怎么了？你觉得自己很有品位是吗？

她见把你说急了，挺起胸显得更加傲慢了，笑着一扭腰走了。

错误原因：直接反驳往往会让对方感到攻击，从而加强其防御心理，变得更加固执和傲慢。而且，反问对方品位并不能真正解决问题，反而可能加剧矛盾，无法有效引导对方反思自己的言行。

那么，面对这种傲慢无礼的言论，我们该如何更有效地回应呢？你的策略可以是"以问代答，令其反思"。你尝试用平和的语气提问——

正确反驳：你觉得我的穿着有哪些地方需要改进呢？能否给我一些具体的建议？

正确原因：首先，它降低了冲突的紧张度。通过提问，你展现了一种开放和愿意倾听的态度，这有助于缓和原本紧张的气氛。其次，提问能够激发对方的思考。当对方被要求给出具体建议时，就不得不更加认真地审视自己的观点，甚至可能意识到自己的批评过于笼统或不公。更重要的是，通过提问，你可以更深入地了解对方的想法，找到可能存在的共同点，从而为改善邻里关系打下基础。

小结

傲慢无礼者的心理动机

心似高台自筑，俯瞰众生，或欲引人关注，藏自卑于傲慢之下，又或盲目自信，不识他山之石。情绪一倦怠，便与人和世界疏离。

如何应对傲慢无礼的人

❶ 借力打力，巧妙反转傲慢之力，让其自食苦果，乃高明之举！

❷ 以心换心，化解傲慢之冰，连接人与人之间的温暖纽带。

❸ 以问代答，用问题点亮思考的火花，引导傲慢者自我反思！

04 面对嘲笑你的人，无视他，将话题切换到其他方面

在社交尴尬时刻，嘲笑随时出现，你是选择尴尬沉默，还是直怼回去制造更多火花呢？下面告诉你如何在嘲笑声中优雅转身，轻松化解现场紧张，还不动声色提升自我形象，让嘲笑者自食其果，旁观者暗暗叫好。

一、别搭理他，转移注意力

在一个阳光明媚的上午，你满怀期待地参加了公司组织的羽毛球比赛。虽然技术并不出色，但你热爱运动，享受参与的乐趣。比赛间隙，你正准备上场，旁边的小超突然笑道："哎呀，看样子今天咱们队又要多一个'送分童子'了。"周围的同事一阵窃笑，气氛略显尴尬。

你被这突如其来的嘲笑弄得有些措手不及，一时冲动，你说——

错误反驳：你行你上啊，光说不练假把式！

小超听了，脸色一沉，反击道："你这是输不起吗？开个玩笑都开不起。"

错误原因：这种直接回击的方式，虽然看似在捍卫自己，实际上却陷入了对方设下的情绪陷阱。不仅没有化解尴尬，反而加剧了紧张气氛，让对方感到被挑战，从而引发了进一步的对抗。在众人面前，这样的反驳显得不够成熟，也容易让旁观者产生不良印象。

喜欢嘲笑别人的人，可能是为了寻求关注，通过让他人成为笑点来凸显自己；可能源于内心的不安全感，以此来掩饰自己的不足；还有可能是社交习惯不佳，错误地认为幽默等于贬低他人；也可能是压力转移，将自己的不安和挫败感通过嘲笑他人释放出来。

因此，面对嘲笑，更高明的策略是保持冷静，不直接接招，而是巧妙地

转移注意力，展现自己的风度与智慧。

正确反驳：哈哈，你这是提前给我加油呢，想激发我的斗志啊。放心，我尽力而为，争取不辜负你的"厚望"。来来来，谁先来热个身？

正确原因：首先你无视对方的嘲讽，将"送分童子"的标签转变为一种激励，展现了你的乐观与大度。邀请大家一起热身，则成功转移了大家的注意力，营造了更加积极向上的比赛氛围。这样做不仅赢得了旁观同事的好感，也让对方失去了继续嘲笑的理由。

二、开个玩笑，轻松化解

有一次，在公司聚会上，你穿着新买的西装出席。正当你自信满满地与同事交流时，小肖走过来，带着戏谑的口吻说："哎呀，今天穿得这么正式，是不是要去相亲啊？不过你这身打扮，倒是有点像卖保险的。"他的话引起了一阵哄笑。

你当时感到有些尴尬和恼火，于是反驳说——

错误反驳：你懂什么？这可是今年最新款的西装，比你那身老土的衣服好多了。

然而，这样的回应并没有起到预期的效果，反而让小王更加得意，他继续嘲笑说："哟，还最新款呢，没看出来。"

错误原因：首先，你的回应过于冲动，没有控制好自己的情绪。其次，你试图通过贬低对方来提升自己的形象，这种做法不仅不礼貌，还容易引发更大的冲突。最重要的是，你不但没有有效地化解对方的嘲笑，反而让自己陷入了更尴尬的境地。

其实，你可以深吸一口气，调整自己的心态，以玩笑来化解嘲笑——

正确反驳：哎呀，你可真有眼光。其实，我今天这么穿，就是为了去卖保险给你啊！怎么样，有没有兴趣了解一下？

正确原因：首先，你以开玩笑的方式化解了尴尬的气氛，让自己和周围的人都感到轻松。其次，你没有直接回应对方的嘲笑，而是将其转化为一个幽默的话题，从而避免了直接的冲突。最后，你的回应还隐含了对小王的调侃，让他意识到自己的嘲笑并不高明。

三、把嘲笑当成提醒

在一个公司聚会上，大家围坐一圈，轮流分享自己的旅行经历。轮到你时，你正兴高采烈地讲述着去年独自背包旅行的趣事和挑战，却突然被坐在一旁的小笛打断："哎呀，看不出来啊，你还挺有冒险精神呢，不像平时工作中的样子，总是小心翼翼、畏畏缩缩的。"周围的同事一阵窃笑，你明显感到空气中弥漫着一丝异样的氛围。

你被这突如其来的调侃弄得有些不知所措，本能地想要辩驳——

错误反驳：你懂什么？工作和旅行是两码事，别在这儿乱说！

小笛耸耸肩，嘴角挂着一丝得意："哎呀，原来你是刺猬啊，说不得了，这么敏感，开个玩笑都不行。"

错误原因：这种直接反驳显得过于敏感和冲动，不仅没有化解现场的尴尬，反而让对方感觉被攻击，进而激化了矛盾。这样的反应容易让旁观者觉得你缺乏幽默感，也可能让对方更坚定了自己的调侃，不利于维护个人形象和团队和谐。

面对这样的情况，将嘲笑视作提醒，用更加智慧和幽默的方式回应，能够更有效地反转局面。

正确反驳：哈哈，你这是在提醒我，工作中也要像旅行那样大胆探索，对吧？你提醒得好，谢谢！

正确原因：首先，你以自嘲的方式应对他的嘲笑，显示了宽广的胸襟和自我反思的能力，减弱了对抗性。其次，你正面转化了对方的嘲笑，把它视为一种鼓励自己在工作中更加大胆尝试的提醒，这种积极的解读不仅化解了尴尬，还展现了你积极向上、愿意接受建议的态度。最后，通过感谢对方，你巧妙地将一个可能引起争执的场景转化为增强团队凝聚力的契机。

> ### 小结
>
> **嘲笑他人者的心理动机**
>
> 或为求关注窃光彩，或为掩饰内心不安，或错将嘲讽当幽默，或压力大寻出口。各色动机一言以蔽之：心缺一角，笑中藏刺找填补。
>
> **如何应对嘲笑他人的人**
>
> ❶以幽默风趣化解尴尬，将焦点从嘲笑转至别处，展现个人魅力与大气，营造愉快氛围。
>
> ❷利用轻松玩笑间接回应，既保持礼貌又不失机智，又让对方自觉无趣，化解冲突于无形。
>
> ❸把对方的嘲笑当提醒，化消极为积极，展现豁达心态，赢取旁观者好感。

05 面对嫉妒心强的人，适时反问，使对方无地自容

日常生活中，我们或多或少遇到过嫉妒心强烈的人。他们的话语像隐形的刺，让人感到不舒服又难以直接反击。如何巧妙应对，既能维护自己的尊严又不至于激化矛盾，甚至转变成加深关系的契机呢？

一、采用归谬法，使对方陷入逻辑困境

在小区溜达时，大家都在闲聊，你读小学的女儿因为成绩优异，受到了邻里的称赞。然而，小纪因为自家儿子成绩平平，心生嫉妒地说："小的时候很聪明，长大了未必有出息。"

你听后心里不悦，说自己倒还能忍，说自己女儿没出息，你忍无可忍，立刻反驳——

错误反驳：你这话什么意思？我女儿现在很出色，你怎么知道她将来没出息？

小纪见你急眼了，笑着说："你这么激动干吗？我说的这种可能性是存在的吧！"

错误原因：你出于护犊之心，反应过于直接且情绪化，不仅没有削弱小纪的嫉妒言论，反而给了对方一个机会将对话引向对你情绪反应的讨论，从而偏离了原话题。你的回应相当于承认了对方设定的逻辑框架——童年成绩与未来成就之间的线性关系，让小纪轻易用"可能性存在"这样的模糊说法来逃避责任，同时将你的回应视为过度敏感的表现。

嫉妒心强的人通常源于内心的不安全感和自卑感，他们可能觉得自己在某些方面不如他人，因此对别人的成功或优势心生不满和焦虑。他们试图通过比较和贬低他人来提升自我价值感，但这种心态反而阻碍了自我成长和真正的幸福。

为了有效地应对这种情况，你可以采用归谬法，让小纪陷入逻辑困境。

正确反驳：那你小时候一定是聪明绝顶吧？

正确原因：通过提出一个反问，巧妙地将话题焦点从小纪对女儿的负面评价转移到小纪自身。这种反问暗示了小纪如果认为小时候聪明不代表长大有出息，那么他自己的成长经历也应该符合这一逻辑。这样的反驳不仅避

免了直接的情绪冲突，还通过逻辑推理迫使小纪反思自己的言论，从而陷入自我矛盾的困境。这种策略既保持了对话的理性，又有效地反驳了对方的观点，维护了女儿的尊严。

二、与人共情，保持自信，自我反思

午间，你和同事们坐在休息区，愉快地分享着各自的工作进展和生活趣事。这时，小卢——一位平时就对你取得的成绩颇有微词的同事，忽然插话道："哎，听说你又被提拔了，真是幸运啊，不像我们，拼死拼活也没见啥动静。"

你一听，火气不由得往上冒，脱口而出——

错误反驳：幸运？你这是没看到我加班加点的努力吧！别总盯着别人的成绩，自己不努力，怪得了谁？

说完，你感到一阵畅快，但很快你注意到小卢的脸色铁青，周围的气氛也变得尴尬起来。

错误原因：你忽略了对方的潜在感受，即可能对方正处于事业的瓶颈期，内心本就充满焦虑和挫败感。直接的指责只会让其觉得被否定，进而更加封闭和敌对。而且，这样的回应显得有些自我炫耀，不利于职场人际关系的和谐。

其实，你可以采取与人共情，保持自信，又进行自我反思的方式进行回应——

正确反驳：我知道每个人都在为自己的目标默默努力，有时候看到别人进步，心里难免会有点小波澜。其实，我也遇到过很多困难，只是大家看到的往往是结果。我相信，只要你持续努力，肯定也会有属于你的高光时刻。咱们相互学习，共同进步，怎么样？

正确原因：首先你通过共情表达了对小卢情感状态的理解，让对方感受到被看见和理解，有助于缓解他的负面情绪。接着，你以自谦的态度分享了自己成功的不易，既正面肯定了自己的努力，又没有直接否定对方的感受，减少了对抗性，增加了对话的亲和力。最后，你提出了"相互学习，共同进步"的倡议，将话题从个人竞争转向了团队合作，有效转化了谈话的方向，鼓励了团队间的正向交流和支持。

三、转移话题，聚焦共同点

朋友聚餐时，大家欢声笑语，气氛正浓。这时，朋友小钟或许是出于近期工作上的不如意，对着刚分享完旅游趣闻的你半开玩笑半认真地说："哎，看看你，生活滋润，到处游山玩水，真是让人羡慕嫉妒恨啊！"小钟的语气中明显带有一丝酸意。

你可能因为感到被无端攻击，本能地回了一句——

错误反驳：谁让你不规划时间出去走走呢？我这也是努力工作后的自我奖励。

此话一出，小钟的脸上闪过一丝不悦，聚会的氛围也略显尴尬。

错误原因：这样的回应，尽管出自好意，却无意中将自己置于一个优越的位置，容易被误解为炫耀，从而加深了小钟的嫉妒情绪，也让其他朋友感到些许不适。你没有顾及小钟当前的情绪状态，也没有尝试理解他背后的复杂情感，导致了交流的不畅。

其实，你可以通过转移话题，聚焦共同点来回应——

正确反驳：你这么说，我倒想起咱们上学那会儿一起熬夜备考的日子，那时候就想着以后有机会一定要一起去旅行。说起来，咱们好久没一起出去玩了，可以一起计划一下，你有什么想去的地方吗？

正确原因：首先通过回忆共同的往事，唤起了与对方之间的友情记忆，缓和了现场的气氛。随后，你巧妙地将话题转移到了未来的共同活动上，不仅转移了对方的注意力，还表达了对其感受的关心和对友谊的珍视。这种做法，既没有否认自己的快乐，也给予了对方一个参与和期待的机会，让其感受到被包涵和重视，有效减轻了嫉妒的情绪，增进了关系。

小结

嫉妒心重者的心理动机

嫉妒心强的人，心里总有点小九九，看着别人好就心痒痒，其实就是内心有点小自卑，想跟人比较，却不小心露出了自己的"小尾巴"。

如何应对嫉妒心重的人

❶ 采用归谬法，巧妙反问让对方自陷逻辑困境，风趣中显露智慧。

❷ 理解他人，保持自信，在共情中展现大气与谦逊，共同进步才是硬道理。

❸ 转移焦点，避开锋芒，以柔克刚，化解嫉妒于无形之中，维持和谐氛围。

06 面对不尊重人的人，让对方感受一下不被尊重的感觉

遭遇不尊重时，你是否曾感到愤怒又无奈？别急，不必以牙还牙，也能让对方感受到你的力量。下面我们来一起探索如何以智慧与风度，让那些不尊重你的人反思自身，从而赢得应有的尊重。

一、让他换位想想，看看自己能不能接受

公司午餐期间，同事小曾忽然凑过来，带着一丝戏谑的口吻说："听说

你最近在追求公关部的张莉啊？不是我说你，就你这样，怎么入得了她的法眼呢？还是放弃吧。"他的话语里充满了不屑和嘲笑。

你心中涌起一股怒火，追求张莉是你的私事，而且你一直在努力提升自己，希望配得上她。小曾的话让你感到非常不爽。

错误反驳：你懂什么？我怎么就不能追了？你以为你是谁，凭什么来评价我？

小曾听后哈哈大笑："哎呀，别激动嘛，我只是好意提醒。看你这么认真，不会是真的被我说中了吧？"

你感到更加愤怒和尴尬，却无法有效地回应。

错误原因：你的反驳过于冲动和情绪化，没有有效地表达出你的观点和立场。相反，你的回应让小曾更加得意，觉得你被他的话所触动。此外，你没有让他意识到自己的不尊重行为，反而让他有了继续嘲笑你的机会。

我们需要明白，一个人不尊重他人，可能出于多种心理动机：可能是自卑感作祟，通过贬低他人来提升自我价值感；也可能是渴望控制和内心有优越感，通过不尊重他人来彰显自己的权力和地位；还有可能是缺乏同理心，无法理解和尊重他人的感受和立场。

面对这种情况，一个更好的回应方式是让他换位想想。

正确反驳：如果我把你的私事当作笑料，随意评价，你会有什么感受？所以，请你尊重我的感受！至于我的私事，我自有主张，不需要你来操心！

正确原因：首先，你通过提问让对方换位思考，体会自己的感受，从而让对方意识到自己的行为可能给他人带来的伤害。这样的回应方式能够让对方更加深刻地认识到自己的不尊重行为。其次，你明确表达了对对方的不尊重行为的不满，并要求他尊重你的感受。最后，你坚定地表达了自己的立场，显示出你的信心，不受他人干扰。

二、沉稳而坚决，亮出你的底线

你正在参加一个团队会议，讨论即将上线的新产品营销方案。你提出了一个创新的推广策略，但同事小钟却冷嘲热讽地说："这点子也太幼稚了，你真的以为这会有用吗？我觉得你还是回去再好好想想吧。"

你对小钟如此轻视你劳动成果的尖锐批评，很是恼火，脱口而出——

错误反驳：你怎么能这么说？我花了很多时间准备这个方案，你怎么可以轻易否定我的努力？

小钟听后可能会更加不屑："花了时间又怎样？努力不代表结果就是好的。"

错误原因：这样的反驳过于情绪化，没有直接解决问题，反而可能让对方觉得你的反应验证了他的观点，即你的方案确实不够成熟。

面对小钟的不尊重，一个更为有效的反驳方式是沉稳而坚决地亮出底线。

正确反驳：我理解每个人对方案的看法可能不同，但请尊重我的劳动！如果你对我的方案有具体的改进意见，我乐意听取。但如果只是单纯地否定和嘲笑，是无益且无用的！

正确原因：首先，这样的回应表现出了你的冷静和坚决，没有被对方的嘲讽所激怒。其次，你明确表达了对不尊重行为的不满，并强调了团队讨论的氛围和效率。最后，你邀请对方提出建设性的意见，展示了你对团队工作的重视和开放态度。

三、具体指出他哪里做得不对，让他无话可说

在一个阳光明媚的周末，你和几位好友相约在公园野餐，享受着难得的闲暇时光。正当大家谈笑风生之际，朋友小朴突然对你冒出一句："哎，你最近怎么胖了这么多，是不是又偷懒没锻炼啊？"

小朴话语一出，其他人都向你投来异样的眼光，你感到很没面子，当即回应——

错误反驳：你说话怎么这么没分寸呢？管好你自己吧！

小朴一听，眉毛一挑，语气更加尖锐："我这不是开玩笑嘛，至于这么较真吗？你也太敏感了吧。"

错误原因：这种直接指责的反驳方式，容易被解读为攻击，激化了矛盾。它没有具体指出对方哪里做得不对，反而让他感觉自己受到了不公正的批评，从而采取了防御姿态，使得氛围更加紧张。

面对这样的情况，更有效的策略是具体指出对方言行中的不妥之处，让其无话可说。你可以这样回应：

正确反驳：我知道你可能想活跃气氛，但直接评论别人的体重并不是一个好的方式。每个人的身体状况和生活习惯都是个人隐私，我们应该尊重！

正确原因：这样的回应，首先肯定了对方可能的良好初衷（活跃气氛），避免了直接对立，接着具体指出了其行为的不妥之处——涉及他人隐私，且可能造成伤害，让他意识到自己言语的不妥。

小结

不尊重人者的心理动机

或是自卑者借贬低他人来抬高自己，或是权力迷通过此举展示地位，又或是冷漠者难以体会他人情感。

如何应对不尊重人的人

❶ 以己度人，引导对方站在你的角度，感受不尊重带来的伤害，从而促其自省。

---

❷面对嘲讽，保持沉稳，明确表达不满与底线，以坚定态度维护自己的尊严。

❸不回避问题，直接点出对方不尊重的具体行为，令其意识到错误并改正。

07 面对爱讲风凉话的人，将消极言论变成自我提升的动力

在日常生活中，难免会遇到那些爱讲风凉话的"特殊物种"。他们的话，如同突如其来的寒流，让人心里"咯噔"一下，瞬间浇灭了你的热情。是选择针锋相对，让气氛降至冰点，还是默默承受，让自信悄悄溜走？两者都不必！学会下面几招就能让"冷水浴"变为成长的温泉。

一、正面转化，将消极言论变成自我提升的动力

一次，你参加了一个重要的项目，并在团队中扮演了关键角色。当项目成功完成后，你满心欢喜地与同事们分享喜悦。就在这时，一个平时就爱说风凉话的同事走了过来，撇了撇嘴说："哟，这次项目成功，不就是你运气好嘛，下次可就不一定了。"

你当时听了很不舒服，立刻反驳——

错误反驳：你懂什么？我付出了多少努力你知道吗？别在这里酸溜溜的。

然而，这样的反驳并没有让对方闭嘴，反而让他更加恼火，他开始列举一些所谓的"内幕"，试图证明你的成功并非靠实力。

错误原因：你的回应带有过强的情绪色彩，显得激动且攻击性十足。这就像是用火药去回应火柴的点燃，只会让火势更猛，而无法真正灭火。言语中的火药味只会让对方更加固执，同时也显得自己缺乏沉稳应对的智慧。

喜欢说风凉话的人，他们可能想通过贬低他人来抬高自己，或者因为无法达到他人的成就而产生嫉妒心理，从而用风凉话来表达不满和失落。此外，有些人可能只是为了引起注意和讨论，故意发表与众不同的观点。

因此，正确的应对方式是什么呢？

正确反驳：感谢你的关注。确实，运气在成功中起到了一定作用，但更重要的是团队协作和我的努力。我会继续努力，争取下次做得更好。

正确原因：既表达了对对方言论的尊重，也强调了自己的努力和团队的贡献。更重要的是，这样的回应没有给对方留下继续攻击的空间，也没有受到对方风凉话的影响，反而向正面转化，激励自己要不断进步，将消极言论转化为自我提升的动力。

二、反客为主，用幽默的方式接过话茬

一天，公司组织了一场户外团建活动，同事们围坐一圈，进行着轻松的交流。正当你分享着自己上周末参加半程马拉松的经历时，同事小丰插话了："哎呀，看不出来，你还有跑步的爱好啊，不过以你的速度，是不是终点的奖品都已经发完了？"

面对这突如其来的风凉话，你一时气愤，本能地回击道——

错误反驳：你跑得有多快？还不如我呢，整天像头猪一样待着不动弹！

小丰脸色一沉："哟，你是一个炮仗啊，一说就炸，这么玻璃心吗？"

错误原因：这样的反驳不仅没有平息事态，反而火上浇油。直接的攻击让对方感受到了敌意，进而激发了对方更强烈的对抗情绪，同时也让旁观者觉得你可能太过敏感，缺乏一定的风度和幽默感。

面对爱讲风凉话的人，更有效的策略是运用"反客为主"，用幽默的方式接过话茬，既显示自己的风度，又巧妙地回击对方。

正确反驳：哈哈，你这"毒舌"水平又升级了啊，难怪最近喝水都长肉，原来是"嘴强身健"训练呢！不过说真的，奖品发完了没关系，关键是过程，跑得慢也有慢的乐趣，至少沿途风景我可是看了个够！

正确原因：这一回应首先以幽默自嘲的方式接受了小丰的"玩笑"，并以"嘴强身健"一词巧妙地反将一军，既保持了轻松的氛围，又让小丰感受到了你的机智，避免了直接的对抗。同时，你将话题引向了参与活动的乐趣而非成绩，展示了自己积极乐观的态度，这样不仅化解了尴尬，还可能让小丰意识到自己的言语不够得体，从而在今后的交流中更加注意。

三、同理心回应，用大度的方式化解对立

一个周末，你参加了一个朋友召集的家庭聚会，大家围坐在客厅享受着美食，一派欢声笑语。当你讲起自己最近自学编程一事，朋友小梁笑着说："哎呀，厉害了，看来我们之中要出个 IT 精英了，不过，你确定你那智商能搞懂编程？"言辞间充满了戏谑与不以为然。

你被这突如其来的风凉话弄得有些恼羞成怒，便脱口而出——

错误反驳：你这话什么意思？我智商怎么了？你比我强多少？

小梁听后，不悦地说："哎，开个玩笑都开不起，至于这么认真吗？"

错误原因：你误踩了社交地雷，本想稳固立场，却不慎引发了一场"情绪地震"。你的直接反弹，就像在平静的湖面猛然投下巨石，涟漪变成了汹涌波涛，让轻松的氛围瞬间紧张。这不仅没能熄灭对方燃起的小火星，反而像是给篝火添了把柴，火势更旺，空气里弥漫着火药味。

面对爱讲风凉话的人，采取同理心回应，用大度的方式化解对立，是一种更为智慧的策略。

正确反驳：哎哟，你这是在考验我的抗压能力呢！我知道你是在开玩笑，不过说真的，编程确实挺有挑战的，但我觉得任何事情，只要愿意学，都不是不可能的！

正确原因：首先以轻松的笑声缓和了紧张气氛，显示了你的大度与包容，让对方感受到你的友好态度，而非对抗。接着，你通过"我知道你是在开玩笑"表明了"理解"对方的意图，避免了误解的深化。同时，你也分享了自己学习编程的体验，展示了自信。

小结

不尊重人者的心理动机

或借贬低他人而自我"镀金"，或因未达他人成就心生酸楚，抑或纯为求关注故作惊人之语，添加生活调料。

如何应对不尊重人的人

❶ 将嘲讽化为正面积极的动力，别人的风凉话，是前进路上的风，助我扬帆远航。

❷ 幽默回击，巧妙转化，反客为主，让风凉话成为欢乐的调料，增添生活的趣味。

❸ 笑声中化解敌意，展现理解与宽容，以大度姿态扭转氛围，让风凉话不攻自破。

08 面对挑逗骚扰的人，用"镜子"照出他们的嘴脸

在日常生活中，可能遇到一些人试图通过不当的言行来挑逗骚扰你，让你感到不适甚至困扰。如何巧妙地应对这些情况，既保护自己又不失风度，是一门值得学习的艺术。下面为你准备了几种实用的策略，帮助你以聪明的方式化解尴尬，让对方知难而退。

一、故意学说对方的话，令其感到羞愧

在办公室里，你向上司汇报工作进展，汇报完后，上司却不怀好意地说："你今天这打扮真迷人，晚上请你喝咖啡。"

错误反驳：请您自重，不要说这种不恰当的话！

上司听了，脸色一沉："哼，开个玩笑都不行，你真无趣！"

错误原因：直接的拒绝和指责可能让上司感到面子挂不住，尤其是在他们试图用幽默或玩笑来掩饰真实意图时。这种反驳方式可能会激化矛盾，让上司感到被挑战，从而产生逆反心理，不愿意承认自己的不当行为。

挑逗骚扰者的心理动机多样，主要包括：性欲倒错与心理疾病，如摩擦癖，通过骚扰行为获得满足感；自卑与补偿心理，因长期未得到女性认可或性匮乏，通过骚扰寻求补偿；权力与控制欲，将女性视为消费品，通过骚扰展现权力和控制；无聊与寻求关注，通过骚扰吸引注意。

因此，面对上司这样的挑逗骚扰，你可以一脸严肃地学说他的话——

正确反驳：啊！您说我打扮很迷人？要请我喝咖啡？还要在晚上！

正确原因：通过严肃地学说上司的不当言论，让其通过"照镜子""看到"自己的言语是多么不合适，从而感到羞愧，甚至是无地自容。同时，这种方式没有直接与上司发生冲突，既避免了正面的对抗，又能有效地制止他

的进一步骚扰。这种巧妙的策略既能保护自己，又能让上司反思自己的行为，起到警示作用。

二、利用反问，彰显对方失当

参加高中同学聚会时，同学大陶听说你还是单身，就对你进行挑逗："听说你还是单身，是不是在等我呢？"

你一时没控制住自己的情绪，立刻反驳——

错误反驳：大陶，你这是什么意思？我单身是我的事，和你有什么关系？

大陶听了，情绪也上来了，说："我只是开个玩笑，你这么认真干吗？"

错误原因：你的反驳显得过于激动和直接，没有考虑到同学聚会的场合以及大陶可能只是想活跃气氛的初衷。这种回应方式容易引发冲突，让场面变得尴尬，而且没有从根本上指出大陶行为的不当之处，只是单纯地表达了自己的不满。

面对大陶的挑逗，正确的做法是利用反问，彰显对方失当。

正确反驳：大陶，你觉得这种玩笑合适吗？我们应该尊重彼此，不应该开这种不恰当的玩笑。

正确原因：首先，你通过反问的方式让大陶意识到自己的言行可能不妥。这样的回应方式既表明了自己的立场，又给予了对方思考的空间。接着，你强调了尊重彼此的重要性，这不仅是对大陶的提醒，也是对现场氛围的一种调节。最后，你明确指出不应该开这种不恰当的玩笑，既避免了直接的冲突，又传递了一个明确的信息：这种行为是不受欢迎的。通过这样的方式，你不仅能够有效沟通，还能够促进双方之间的理解和尊重，有助于维护和谐的社交环境。

三、幽默回应，显示你的冷静自信

傍晚，你独自走在回家的路上，享受着这份轻松与自在。突然，一个陌生人上前，用不怀好意的语气对你说："嘿，美女，一个人吗？要不要一起找个地方聊聊？"

面对这样的骚扰，你第一反应是想尽快摆脱，但不小心说错了话——

错误反驳：你谁啊？谁要跟你聊！走开，别烦我！

陌生人听了，脸色一变，更加逼近："哟，还挺辣的嘛！我就是想跟你交个朋友，别这么拒人于千里之外啊。"

错误原因：你的反驳中带着明显的反感和紧张，这不仅没有有效地处理对方的行为，反而让对方误以为这是一种"欲擒故纵"的策略，从而更加纠缠不休。这种直接的负面回应容易引起对方的进一步骚扰，因为你没有给出明确的边界，也没有以一种自信和冷静的方式表达自己的立场，这反而可能让对方觉得有机可乘。

面对这样的骚扰，正确的做法是保持冷静与自信，用幽默化解尴尬。

正确反驳：哎呀，你这搭讪的方式也太老套了吧！如果你是想练习口才，我建议你去参加辩论社；如果是想找朋友，那边有个宠物店，听说狗狗们都很友好哦！至于我嘛，我更喜欢和懂得尊重人的人聊天，你懂的……

正确原因：首先，你用轻松幽默的方式回应了对方的骚扰，避免了直接冲突。接着，你巧妙地将话题引向了其他方向，既表明了自己对这种行为的看法，又没有让气氛变得紧张。最后，你以自信和明确的态度表明了自己的交友标准，让对方明白你不是可以随意骚扰的对象。这样的反驳方式既体现了你的冷静与自信，又用幽默化解了可能的尴尬和冲突。

挑逗骚扰者的心理动机

挑逗骚扰者，心理动机各异：有性欲倒错求满足，有自卑心理求补偿，有权力欲望想控制，还有无聊透顶求关注，无非想寻求一时感官刺激！

如何应对挑逗骚扰的人

❶学说对方不当之言，让其"照镜子"，自感羞愧。不直接冲突，却能有效制止进一步骚扰，既保护自己，又警示对方。

❷一句反问，让对方意识到言行失当。强调尊重，传递明确信息：此行为不受欢迎。促进理解，维护和谐社交环境。

❸轻松幽默回应，巧妙转移话题。展现自信与明确交友标准，让对方知难而退。既冷静又有趣，尴尬冲突皆化解。

09 面对故意挑衅的人，可以顺藤摸瓜，自我调侃

生活中总有些故意挑衅的人让你恼火，是不是特无奈？面对他们，不知如何应对，一不小心就把关系搞僵。别愁！往下看，教你几招高招，巧妙化解挑衅，让你在各种场合都能轻松应对，不再尴尬和烦恼！

一、顺藤摸瓜，自我调侃

在一个风和日丽的上午，公司会议室中，却充满了火药味。对于这次项目，你提出了一个解决方案，同事小茅对你的项目方案提出了尖锐的批评："如果我是你的话，我早就把这个方案扔进垃圾桶了。"

错误反驳：嘿，小茅，你这么说可就不对了，我的方案明明有很多可取

之处，你凭什么这么轻易否定？

小茅一听，眉头一皱，更加不客气地回怼："可取之处？我看你是被自己的方案蒙蔽了双眼吧，根本看不出问题所在！"

错误原因：你的反驳显得过于敏感和防御性，没有真正回应小茅的批评，反而试图直接反驳他的观点。这种方式容易让对方觉得你在逃避问题，不愿意接受意见，从而更加坚持原有的批评态度。

发起挑衅的人，或试图通过挑衅转移注意力，寻求心理平衡；或因他人成功而心生嫉妒，挑衅以动摇对方自信，减轻自身失落感；或源于内在的攻击本能，通过挑衅满足这一欲望；或寻求关注或控制，以挑衅行为吸引注意或试图主导关系。

因此，面对小茅的挑衅，可以采用顺藤摸瓜、自我调侃的策略，用幽默和智慧化解冲突。你微微一笑，回答道——

正确反驳：如果我是你的话，我肯定会仔细检查一遍，说不定能找到一些闪光点。毕竟，扔垃圾之前总得看看有没有什么值得回收的，对吧？

正确原因：这样的反驳既体现了你的大度和幽默感，又巧妙地指出了小茅批评的片面性。你并没有直接否定他的观点，而是用自我调侃的方式引导他重新审视你的方案，寻找可能存在的积极面。这种方式既缓解了紧张气氛，又让小茅意识到自己的批评可能过于草率，从而更容易接受你的观点。同时，这也展示了你的灵活性和适应性，表明你愿意听取意见并做出改进。

二、反问质疑，引导思考

一个周末，你和朋友们聚在一起，享受着美食和欢笑。这时，一个叫阿盾的朋友突然对你发起了挑衅："哎，我看了你最近对房地产领域发表的一些观点，但我觉得你说的大部分都是错的，根本没什么实际价值。"

你一听，心里有些不悦，但还是想保持和气，结果不小心说错了话——

错误反驳：阿盾，你这么说可就不对了，我明明花费了很多时间和精力去研究，你怎么能随便否定我的努力呢？

阿盾一听，嘴角一撇，立即回怼："努力？努力就代表你的观点都是对的吗？我看你就是太自以为是了。"

错误原因：你的反驳过于强调自己的努力和付出，而没有直接回应阿盾对你观点的具体质疑。这种方式容易让对方觉得你在逃避问题，用努力来掩盖观点的不足，从而更加坚持对你的否定。

面对阿盾这样的挑衅，正确的做法是反问质疑，引导思考。

正确反驳：阿盾，你这么说让我有点好奇，你觉得我的观点哪里没实际价值呢？是不是有什么具体的例子或者理由让你这么觉得？咱们可以一起探讨探讨，说不定我能从中学到些什么呢。

正确原因：这样的反驳既体现了你的大度和开放态度，又巧妙地引导阿盾具体阐述他的质疑。你并没有直接反驳他的观点，而是通过反问的方式让他意识到，质疑需要具体的理由和证据，并且进行反思。同时，你也表达了自己愿意学习和改进的态度，这让阿盾更加愿意和你进行平等的交流。通过这样的方式，你不仅化解了挑衅，还可能因此和阿盾展开一场有益的讨论，增进彼此的了解和友谊。

三、巧妙转移，化解攻势

在一次家庭聚会上，大家正聊得开心。表弟突然阴阳怪气地对你说："表哥，你看你工作这么多年了，也没混出啥名堂，还不如我呢！"

错误反驳：你个小毛孩懂什么，我怎么样还轮不到你来评价！

表弟听了，更加来劲："哟，说两句实话还不行啦，有本事你做出点成绩来看看啊！"

错误原因：你的反驳过于强硬和冲动，没有冷静地应对表弟的挑衅。这种激烈的回应不仅没有解决问题，反而让矛盾进一步升级，使场面更加尴尬。同时，也没有展现出你的成熟和大度，反而显得有些气急败坏。

面对表弟的故意挑衅，正确的做法是巧妙转移，化解攻势。

正确反驳：表弟呀，你这么厉害，那可得好好努力，以后多罩着哥呀！不过今天是家庭聚会，咱不说这些，来，吃个水果，好好享受这团聚时光。

正确原因：首先，用一种幽默的方式回应表弟，避免了正面冲突，让他的挑衅无法继续。接着，巧妙地将话题转移到家庭聚会的氛围上，淡化了之前的不愉快。这种幽默且平和的回应方式，既显示了你的大度和宽容，又让聚会的氛围得以保持，不至于因为争吵而破坏了大家的心情。同时，也让表弟意识到自己的行为不太合适，从而有可能在今后注意自己的言行。

小结

故意挑衅者的心理动机

挑衅者，意欲转移注意寻平衡，或因嫉妒动摇他人自信减失落，或源内心攻击欲求满足，更或欲求关注控全局。种种动机，虽五花八门，却皆有其因！

如何应对故意挑衅的人

❶ 面对挑衅，不妨借用对方的话语，进行自我调侃，既不正面冲突，又能让对方意识到自己的问题，幽默化解。

❷ 遇挑衅时，可巧妙反问，引导对方具体阐述质疑，让对方意识到质疑需有理有据，同时展现你的开放态度。

❸ 面对挑衅，不妨转移话题，避开锋芒，用幽默和宽容化解冲突，保持和谐氛围，让对方自觉无趣。

10　面对喜欢无端指责他人的人，以彼之道还施彼身

你是否遇到过那些无端指责你的人，他们的言辞如洪水般涌来，让你感到窒息？他们的指责让你感到困惑和无助，但又无法直接反驳，因为这背后隐藏着他们的情绪和动机。别担心，下面将为你揭示如何巧妙应对无端指责，让你在沟通中不再感到束手无策，轻松化解尴尬和冲突。

一、以彼之道还施彼身

在公司的一次项目会议后，你正在整理会议资料，同事小吴突然走过来，指责道："你这么做就是不负责任！"

你认为小吴没有听清楚你刚才的表述，见他这么无端指责，于是恼火地回应——

错误反驳：你凭什么说我不负责任？你根本就不了解情况！

小吴听了，指责的声音更大了："我怎么不了解情况了？我看就是你做得不对！"

错误原因：你的反驳比较情绪化，只是强调小吴不了解情况，却没有具体指出问题所在。这种回应方式容易让小吴觉得你在逃避问题，从而更加坚定他对你的指责。同时，你的语气也比较强硬，容易引发进一步的冲突。

喜欢无端指责他人的人，有的可能是因自卑感而借助指责他人来提升自我价值感；有的可能是因为控制欲强，试图通过指责来操控他人行为；还有的可能只是宣泄情绪，将自身的不满或焦虑转嫁给他人，以减轻自身的心理压力。

因此，面对小吴的无端指责，正确的做法是以彼之道还施彼身。

正确反驳：那您空口指责，难道就是负责任的表现？

正确原因：这样的反驳简洁有力，用反问的方式让小吴反思自己的行为。一方面，指出了小吴在不了解事情来龙去脉的情况下就指责别人是不负责任的；另一方面，也让小吴意识到自己的错误，从而可能停止对你的无端指责。这种回应方式既避免了直接冲突，又能让小吴认识到自己的问题，使争执不再升级。

二、直击要害，令其哑口无言

周末，阳光明媚，你和朋友小段坐在咖啡馆里，享受着难得的闲暇时光。你们聊起了一个热门话题，正当你兴致勃勃地分享自己的观点时，小段突然打断了你，不屑地说："你根本不懂这件事！"

你愣了一下，随即反驳——

错误反驳：我怎么就不懂了？我也是做了很多研究的！

然而，这样的回应似乎更加激怒了小段。

"研究？"小段冷笑一声，"你那些所谓的'研究'不过是看看网上的文章，哪有我深入了解得多！"

你感到有些恼火，不明白为什么小段会如此无端指责你。

错误原因：其实，你的反驳方式存在问题。当你被指责"不懂"时，急于证明自己"懂"往往会陷入对方设定的框架，反而让自己显得被动。而且，你的反驳没有直接回应小段的指责，而是转移到了自己的研究上，这并没有解决问题。

那么，面对这种无端指责，该如何有效反击呢？

你可以尝试一种更简洁、有力且带有幽默感的回应——

正确反驳：那你倒是懂，可也没见你解决得了！

正确原因：面对他人的无端指责，你能保持冷静，不被对方的言辞激怒。短短一句话，直接回应了指责，没有过多的解释或辩解，避免了纠缠不清。通过指出小段虽然"懂"，但并未能解决问题，间接质疑了其指责的有效性。这种反驳方式让小段无法继续站在制高点上指责你。

三、采用对比反差，戳其软肋

在一次家庭聚会的闲暇时光，你与表哥聊起了自己最近在酝酿的一个创业项目，希望能得到一些建议或鼓励。

然而，表哥才听了几句，就立刻泼来冷水："你的想法太天真了！"

你一愣，感到有些沮丧，但试图辩解——

错误反驳：表哥，你都没听我说完，怎么就知道我的想法不行？你这样太打击人了！

表哥听了，不仅没有缓和态度，反而更加坚定了自己的立场："我这是为你好，提前告诉你现实有多残酷，别整天做白日梦。"

错误原因：你的反驳过于情绪化，没有冷静地针对表哥的质疑给出合理的解释或讨论。直接指责表哥没有听完你的想法就下结论，这种方式可能会让表哥感到被冒犯，进而更加坚定他的立场，不利于有效的沟通。

面对表哥这样的无端指责，正确的做法是采用对比反差，巧妙地戳中他的软肋。

正确反驳：总比你连想都不敢想的保守要好得多！

正确原因：你的反驳运用了对比反差，一方面表达了你对自己创业想法的坚持和信心，另一方面也巧妙地指出了表哥可能过于保守，缺乏创新和尝试的勇气。这样的反驳既具有策略性，又不失礼貌，能够有效地戳中表哥的软肋，引导他反思自己的态度，同时也为你的创业想法争取到了更多的理解和支持。这种简洁而有力的回应，既表明了你的决心，也给了表哥一个重新考虑和评价你想法的机会。

> **小结**

无端指责他人者的心理动机

这类人可能内心有点小自卑，想靠贬低别人来找自信；或者就是控制狂，喜欢摆布他人；再不然，就是情绪垃圾桶，乱倒情绪垃圾罢了！

如何应对无端指责他人的人

❶以其人之道还治其人之身，让对方尝尝被无端指责的滋味，从而反思自己的言行。

❷瞄准对方的痛点，一语中的，让对方在惊愕中无言以对，瞬间打破指责的嚣张气焰。

❸运用巧妙的对比，让对方意识到自己的局限，如同高手过招，轻轻一点即让对方败下阵来。

PART2 反驳，有时是为了阻止人得寸进尺

反驳，有时是为了守护边界，不让无理之人得寸进尺！面对无理取闹者，立规矩，保权益；对得理不饶人，反讽一击，让其知难而退……面对不知收敛的进犯者，巧妙应对，尽显智慧与风度！

01 面对无理取闹的人，得给他们立点规矩

生活中，我们有时会遇到一些无理取闹的人，他们的行为常常让我们感到困扰和尴尬。面对这样的人，我们该如何应对，才能既维护自己的权益，又不至于让场面变得尴尬呢？

一、给他划一条边界

超市里，你正耐心地排在付款的长龙里，忽然，一位女士急匆匆地从旁边挤过来，扔下一句"我赶时间，插个队"后，硬生生地站在了你的前头。

面对这突如其来的插队行为，你心中腾起一股无名火，脱口而出——

错误反驳：哎，大家不都在排队吗？你这插队可不对啊！

这话一出，女士仿佛被点燃的炮仗，立刻炸了："我有急事你懂吗？就不能体谅一下吗？"

你这不假思索的直接批评，反而火上浇油，什么原因呢？

错误原因：首先，直接指责容易引起对方的防御心理，使得矛盾立即升级；其次，缺乏策略性的沟通，没有为对方留下面子，导致对方更加抵触，不愿意退让。

须知无理取闹者的行为背后，往往隐藏着寻求关注、控制欲、不满情绪宣泄或是逃避个人责任等心理动机。因此，更有效的策略是设立边界，同时保持言语的分寸感，既表达不满，又不失礼貌。你可以这样回应——

正确反驳：姐，我理解你有事着急，但咱们都在赶时间。你看，要是都能因为急就随便插队，那秩序不就乱套了吗？要不，你找店员商量下，看店员是否同意你插队？

正确原因：首先，你通过"我理解"展示了对对方处境的理解和共情，

减少了对立情绪；其次，明确而坚定地指出了插队行为对公共秩序的影响，有效设立个人与公共秩序的边界；最后，提出了实际可行的建议，既给了对方台阶下，又暗示了正确的解决途径，避免了直接冲突，同时也维护了队伍的公平性。这样的交流方式，既有力地捍卫了规则，又不失人情味，更易于被对方接受，达到和平解决问题的目的。

二、心平气和摆事实

你正坐在咖啡馆里，喝着拿铁，翻着小说，心情正好。突然，旁边坐下一个一脸怒气的顾客，猛地一拍桌子："服务太慢了！我都等了十分钟了，连水都没人送！"但其实，他进门还不到五分钟。

你被这突如其来的怒火搞得有点懵，好心地对他说——

错误反驳：可能是店里人比较多，您稍微耐心等一下，服务员应该很快就会注意到您的。

然而，他显然不买账，反而瞪大眼睛冲你嚷嚷："我怎么判定人多人少？我花钱是来享受服务的，不是来这儿受气的！你明白吗？"

你尝试解释："我，我只是……"可惜，你的话还没说完，就被他更激烈的指责打断了。

"你们这些人就会和稀泥，我看你们跟服务员就是一伙的！……"他越说越激动。

唉，你的好心劝说碰了一鼻子灰，感觉好尴尬呀。为何你的劝说没有效果呢？

错误原因：你的话被他当成了敷衍和借口，他觉得你根本没解决他的问题。这种无理取闹的人，情绪都比较激动，他们更希望别人能理解他们、重视他们，而不是听一些简单的解释或安抚。

那么，遇到这种无理取闹的人，我们该怎么办呢？

先要保持冷静，别被他的情绪带着走。深呼吸，调整一下，然后平和地说——

正确反驳：朋友，您先别急，我注意到您才刚来没多久。这家咖啡馆的饮品都是手工现做的，每杯都要花时间。您看看周围，大家也都在等。好东西需要时间，咱们都在这儿享受这份宁静呢，您也稍微耐心点儿。

正确原因：有时候，对付无理取闹的人，讲道理可能没用，但直接用事实说话往往能让他们闭嘴。明确的事实就像一面照妖镜，让他们看到自己的无理取闹是多么可笑。所以，遇到这种人，别怕，保持冷静，用事实说话是有力的。

三、理性提问引导

图书馆里，大家正在享受静谧的阅读时光，突然被一阵嘈杂声打断。只听见一个小伙子对着笔记本屏幕，气呼呼地说："这破 Wi-Fi，比蜗牛还慢！我这论文资料下载到猴年马月啊！"

你是图书馆的一名工作人员，急忙走上前维护秩序，你说——

错误反驳：哎，你确定不是你自己笔记本的问题？别人都好好的。

你的话音才落，小伙子的脸色瞬间阴沉下来，恼火地说："你说谁呢？我的笔记本顶级配置，哪会是它的错！"

你不恰当的回应之所以加剧了紧张气氛，分析起来，原因如下——

错误原因：首先，直接质疑对方设备问题，容易让人感觉被冒犯，从而更加固执己见；其次，缺乏具体建议，没有实质帮助，更像是在推卸责任，自然难以让人接受。

面对这种情况，如果你能采取理性提问引导的方法来回应，效果会好不少。

你微笑着问——

正确反驳：嘿，别着急，你试过重启笔记本或者重新设置网络没？再或者，你换个角落试试？

正确原因：这种逐步深入的提问方式，既没有直接否定对方的感受，还引导他一步步从情绪的泥潭中挣脱出来，同时，巧妙引导他从不同角度审视问题，从而激发对方主动探索问题的根源，最终实现自我纠正。

小结

无理取闹者的心理动机

通过制造冲突来获得他人关注，或是在不安、压力之下寻找外部替罪羊，以此减轻内心负担。

如何应对无理取闹的人

❶ 明确立规，礼貌划线，别忘了，规矩和他人感受不是摆设！

❷ 冷静摆事实，帮对方逃离情绪迷宫，不做情绪的奴隶！

❸ 提问引导，启发自我反思，让对方自己解锁问题解决新姿势！

---

02 面对得理不饶人的人，利用对方的优势进行反讽

生活中遇到得理不饶人的人，让人头疼又无奈。明明道了歉，却还被紧逼不放，怎么办？别愁！往下看，教你几招巧妙应对之法，让你在面对这些"难缠之人"时不再慌乱，轻松化解尴尬与冲突。

一、利用对方的优势进行反讽

你正在商场里逛着，不小心踩到了一个美女的脚。你立刻道歉，但对方

却不依不饶，一口咬定你是故意的。

面对这样的指责，你感到既无奈又恼火，脱口而出——

错误反驳：我怎么可能故意踩你脚？也怪你自己不好好走路，不能全赖我！

美女更加愤怒："你明明就是故意的，别想找借口！"

错误原因：你的反驳中指责了对方"不好好走路"，这种回应方式很容易让对方感到被冒犯，进而加剧了冲突。原本只是一个小误会，却因你的指责性回应而升级为更大的争执。你没有理解到，在面对指责时，避免反指责，保持冷静和理解是更为有效的沟通方式。

得理不饶人的人可能出于一种对权力的渴望或是对胜利的执着。他们希望通过持续施加压力，展现自己的优势和控制力，满足内心的虚荣感。这种行为往往源于自卑或自我证明的强烈需求，试图通过压制他人来寻求自己的价值感。

那么，该如何巧妙应对呢？你可以利用对方的优势进行反讽——

正确反驳：你这么不讲道理，长这么好看有什么用啊？！

这句话一出，美女立刻愣住了，显然没想到你会这么说。她瞪大眼睛看着你，一时语塞，然后迅速转身离开。

正确原因：这句话之所以有效，是因为它巧妙地利用了对方的优势——美貌，来进行反讽。你没有直接回应她的指控，而是转移了话题，指出即使外表再美，如果不讲道理也会让人失去好感。这种反驳既避免了直接冲突，又让对方意识到自己的行为可能并不受人欢迎。

二、转移焦点，减弱对方气势

在繁忙的办公室里，你和同事小姚共同负责一个重要项目。由于一次沟通的失误，你误解了小姚的意图，导致工作进展出现了延误。意识到错误后，你主动找到小姚表达了歉意。

"小姚，真不好意思，我之前没理解清楚你的意思，造成了一些麻烦。"

小姚却不依不饶："你这已经不是第一次了，总是这样马虎大意，项目都差点被你搞砸了！"

你试图解释，却不小心火上浇油——

错误反驳：小姚，我都已经道歉了，你还想怎么样？别得理不饶人好不好？

小姚听了，更加恼火："我怎么得理不饶人了？你这态度，以后谁还敢跟你合作？"

错误原因：这种反驳带有抵触情绪，显得自我防御，没有认真对待小姚的感受和担忧。直接的反击和指责可能会让对方感到被轻视，加剧了双方的矛盾，没有起到缓和关系的作用。

面对小姚这样得理不饶人的态度，正确的做法是转移焦点，减弱对方的气势。

正确反驳：小姚，你说得对，这次的确是我疏忽了。但我相信你也不是那种因为一次失误就全盘否定一个人的人。我们都希望项目能成功，对吧？那么，让我们把注意力放回到项目上，看看接下来怎么协作才能更高效。

正确原因：首先，你通过承认错误并表达对小姚理解的期待，显示出你的诚意和对项目的重视。然后，通过转移话题焦点，引导小姚关注到解决问题和项目进展上，而不是纠结于个人的失误。这样，不仅能够缓和紧张的气氛，还能够展现你的积极态度和对合作的重视。

三、适当示弱，让对方失去攻击动力

在一次同学聚会中，你与人聊天时，无意中伤害到了小李，向他表达了歉意，但对方得理不饶人，继续指责你。

你觉得对方小气，也有些恼火，于是反驳道——

错误反驳：小李，我已经向你道歉了，你为什么还不放过我？我也不是有意要伤害你啊！

小李听了，更加恼火，说："道歉有用的话，还要警察干什么？你这是在逃避责任！"

错误原因：你的反驳中包含了责备对方继续追究的成分，这不仅没有有效地处理小李的情绪，反而激发了他的反感。并且你的话语中带有自我辩护的意味，暗示小李的行为不当，这让他感到被误解和不被尊重。这样的反驳方式容易让对方产生防御心理，进一步加剧了双方的分歧，不利于维护友好关系。

正确反驳：小李，我真的很抱歉，我没想到会伤害到你。我会努力改正我的错误，请你给我一次机会，我会尽力弥补。

正确原因：你的示弱表明你愿意承担责任，并愿意改正错误。这种态度可能会让小李感到你的诚意，从而减少对你的攻击。同时，你的请求也表明你愿意接受小李的指导和建议，这可能会让他感到被尊重和认可，从而停止对你的攻击。这种回应方式既保持了礼貌，又能够有效地化解矛盾。

小结

得理不饶人者的心理动机

这类人可能心里有个小恶魔，总想用理来压制人，秀一把自己的威风。其实嘛，就是想显摆显摆，找找存在感，提升下自己的气场！

如何应对得理不饶人的人

❶巧妙运用对方的长处进行反讽，让对方在得意之处跌个跟头，不失为一种机智的回应。

❷别跟得理不饶人的人纠缠，聪明地转移话题，让大家把注意力放到更重要的事情上，这才是高招！

❸遇到强硬派，别硬碰硬，适当展示柔弱的一面，让对方失去攻击的欲望，化干戈为玉帛。

03 面对喜欢戏谑他人的人，借用其逻辑，反将一军

生活中，是否总有那么些"幽默大师"让你头疼不已？他们以戏谑他人为乐，让你尴尬万分，无所适从。你是否曾因一时语塞，事后懊悔没有机智回击？或是担心反应过激，破坏了和谐氛围？掌握应对之道，让那些戏谑的瞬间成为增进关系的契机，而非尴尬的源头！

一、将谬就谬，引其反思

今天你一早起来忙得晕头转向，忘了刮胡子，在公司碰见了同事小奚，一位伶牙俐齿、喜欢戏谑他人的女士。她一眼就瞅见了你那"野草般"疯长的胡子，立马开启了她的戏谑模式："哎哟，你脸皮这么厚，胡子居然能钻出来，真是生命的力量啊！"

你当时一听，心里就不痛快，这不明摆着拿你开涮嘛。于是，你没好气地回了一句——

错误反驳：你不懂，这叫男人味。

"男人味？我看是'野人味'还差不多。"小奚不依不饶，继续她的调侃。

你这下更火了，直接怼了回去："你每次都想占我便宜！"

错误原因：你这样的反驳不仅没能让小奚闭嘴，反而让她更加得意，觉得戳到了你的痛处。而你的反应也显得有些小气，甚至可能让人觉得你真的被她说中了，脸皮厚。

喜欢戏谑他人的人，其心理动机可能源于寻求关注、提升自我存在感，或是以调侃他人为乐来满足自己的恶趣味，或是掩盖自身的不安与自卑，从而获得心理上的满足和优越感。

其实，你可以采用"将谬就谬"的方法来应对她的戏谑。

正确反驳：这么说，那看来你的脸皮更厚啊，胡子居然都钻不出来！

正确原因：这样的回应既不失风度，又能让小奚无言以对。你借用她的逻辑，反过来调侃她，反将一军，让她也尝尝被戏谑的滋味。而且，这样的话语还透露出一种自信和幽默，显示出你并不在意她的调侃，反而能以其人之道还治其人之身。

二、幽默反击，以柔克刚

在一次朋友聚会上，大家围坐一圈，谈笑风生。小陆，一个平时就爱开些无伤大雅玩笑的朋友，突然将话题转向你："听说你最近升职失败了，是因为老板觉得你太死板，不够幽默吧？"说完，他得意地笑了，周围的朋友也有些尴尬地看向你，等待你的反应。

你心里清楚，升职的事情确实有波折，但与幽默无关，小陆的这番话显然带有一些戏谑的成分，意在活跃气氛，但未免有些过了界。

错误反驳：你这是从哪儿听的八卦？我升职不成关幽默什么事？你管好自己吧！

你的话一出，小陆的笑容瞬间凝固，场面变得微妙起来，其他朋友也显得不知所措。

错误原因：直接且带有攻击性的回应，让小陆感觉被当众驳斥，激发了他的自我防御，导致气氛骤然紧张。此外，这种回应方式未能有效控制情绪，反而可能让其他朋友觉得你不善解人意，影响了你在朋友圈中的形象。

面对这样的情况，采用幽默反击，以柔克刚，往往能更有效地化解尴尬，保持和谐的氛围。

正确反驳：哈哈，你这是在考验我是否具备 CEO 级别的幽默感吗？看来我得加强修炼，说不定下次升职考核就加上幽默分了。

正确原因：你用自嘲的方式接受了小陆的玩笑，将其转化为一个关于幽默感的自我提升话题，既没有让小陆感到难堪，又巧妙地将话题引向了轻松友好的方向。这样的回答，不仅展现了你的风度，还有效调节了现场的气氛，赢得了朋友们的会心一笑，维护了聚会的和谐愉悦。

三、跳转话题，展示大度

在一个温暖的午后，你和几个同事在休息室享受咖啡时光，这时，以幽默闻名但也常常口无遮拦的小胡走到你身旁，打趣地说："听说你昨天的报告又让老板'眼前一亮'，不过这次是因为错别字连篇，哈哈，真是'才华横溢'啊！"

周围的同事一阵窃笑，你明显感觉到脸颊发热。

错误反驳：你哪只眼睛看到我报告有错别字了？别在这儿胡说八道！

小胡的脸色一沉，辩驳道："哎呀，开个玩笑而已，这么较真干吗？"

这样的回答让原本轻松的氛围变得尴尬，也显得你不够大度，容易引起旁观者的误解。

错误原因：直接否认并表现出强烈的不满，不仅没能有效应对小胡的戏谑，还可能让旁人感觉你对玩笑过于敏感，从而影响你在团队中的形象。此外，这种回应方式容易引发口头争执，不利于维护良好的同事关系。

面对喜欢戏谑他人的人，采用跳转话题、展示大度的策略，能更智慧地化解尴尬，同时展现你的成熟与风度。

正确反驳：哈哈，你这想象力不去写小说可惜了！不过说真的，我最近确实在研究如何让报告更吸引人，说不定下次真能靠"才华"让老板刮目相看呢。你上次那个项目提案的创意，我倒是很想学习学习。

正确原因：首先通过自嘲接纳了对方的玩笑，表明你并不介意，展现出了大度和自信。接着，你机智地将话题从个人失误跳转到工作交流上，邀请对方分享经验，为双方创造了一个积极交流的机会。这样的回应方式不仅化解了尴尬，还提升了你与对方之间的互动，增进了团队成员间的相互尊重和理解，营造了更加和谐的工作氛围。

小结

喜欢戏谑他人者的心理动机

可能是想引起关注，秀一把自己的幽默，或者是心里有点小自卑，想找个法子取乐，顺便刷一下存在感，证明自己棒！

如何应对喜欢戏谑他人的人

❶智慧承接戏谑，以其逻辑反赠，幽默显露高情商，让对方在笑声中懂得言语分寸。

❷巧用自嘲幽默，化被动为主动，不仅化解尴尬，更添人际润滑剂，展现风度与情商。

❸接纳玩笑显胸襟，顺势转话题，变戏谑为交流契机，彰显成熟与团队精神。

04 面对喜欢指手画脚的人，实施"乾坤大挪移"

你一定遇到过这样的人：他们总是喜欢对你的事情指手画脚，似乎他们总是知道什么是最好的。面对这样的人，如何避免被指责，同时又不伤和气呢？让我们通过几个案例来探讨一下。

一、避免被指责，实施乾坤大挪移

你新买了一辆车，这天上午，很开心地开到了公司门口。这时，一个自认为是汽车专家的同事阿喜走了过来，开始对你的车评头论足。

你听了有些恼火，于是出口回应——

错误反驳：你懂什么？这车可是我最新的心头好，性价比极高。别以为自己很懂车，就随便评价我的选择！

阿喜听了冷笑着回应："你的车完美无缺吗？我就不能说说我的感受吗？"

面对对方连珠炮似的回击，你哑火了。

错误原因：你的反驳过于直接且带有攻击性，没有考虑到对方的心理需求。这种回应方式容易激发对方的防御心理，使对方更加坚持自己的观点，从而导致冲突升级。同时，也没有有效地解决问题，只是在强调自己的立场，不利于良好关系的维护。

那么，我们该如何正确应对呢？首先，我们得弄明白那些喜欢对人指手画脚的人，他们有着怎样的心理特征。这类人往往有着强烈的控制欲和表现欲。他们渴望在群体中占据主导地位，显示自己的权威和智慧。同时，通过这种方式，他们可能试图掩盖自身的不安全感和寻求他人的认可，以增强自我价值感。

好了，知道这类人的心理动机，我们就可以这样进行反驳——

正确反驳：哎呀，看来你真的很懂车呢！也许它有不足，不过我跟它有缘，一眼就瞧上了。有机会你去试驾一下，就会发现它的优点很多，或许你也会喜欢上它呢！

正确原因：这样的回应既表达了对对方专业知识的尊重，也巧妙地转移了话题，将重点放在了个人喜好上，弱化了争论的尖锐性。同时，邀请对方去试驾也显示出你的大度和开放心态，不仅避免了直接的冲突，还可能让对方产生好感。这样，你既保护了自己的选择，又维护了双方的和谐关系。

二、提升高度，强调团队合作

这天，在团队的碰头会上，你提出了一个新的项目方案，希望得到团队的支持。然而，团队中有个阿华，平时喜欢指手画脚，这时对你的方案更是百般挑剔，提出各种质疑和批评。

错误反驳：我这个方案是经过深思熟虑的，你们怎么能轻易否定我的努力呢？你行你拿出一个方案来！

这样的反驳让阿华不悦，他提高嗓门说："你的方案完美无瑕，说不得吗？你这人也太自大了吧。"

错误原因：你的反驳充满情绪化和攻击性，既没有理性回应阿华的质疑，也没有展现出合作的态度。这种回应容易让阿华感到被攻击，从而加剧矛盾。同时，要求对方拿出方案有赌气之嫌，不利于团队共同探讨问题和完善方案。

为了维护团队合作和和谐氛围，你可以这样回应——

正确反驳：阿华，谢谢你对我的方案提出宝贵的意见。我明白，每个人都有自己的看法和想法，这正是我们团队的力量所在。我相信，通过共同讨论和改进，我们一定能够拿出一个更加完善的方案。让我们携手合作，共同为公司创造更大的价值！

正确原因：这种回应方式将个人的方案提升到团队合作的高度，强调了共同讨论和改进的重要性。它表达了对团队成员的尊重和信任，避免了直接的冲突和矛盾，有利于增强团队的凝聚力和向心力。同时，通过积极寻求共同点和解决方案，有利于激发团队成员的积极性和创造力，推动团队不断向前发展。

三、提出合理质疑，引导自我反思

这天上午，你穿着自己钟爱的一件连衣裙，满心欢喜地走进办公室，却遇到那个总是爱评论别人穿着的同事大志。他上下打量着你，然后摇头晃脑地说："这裙子颜色太艳了吧，款式也有点老气。"

错误反驳：你懂什么？这可是今年的新款，颜色鲜艳才显得有活力。你凭什么说我的裙子老气？

然而，这样的话往往会让大志更加不满，他回怼你："我只是说说而已，你这么激动干吗？再说了，你的审美也不怎么样嘛。"

错误原因：你的反驳带有防御性和攻击性，直接质疑大志的评论，这不仅没有解决问题，反而可能激化矛盾。你没有展现出开放的态度去理解大志的观点，而是立即进入防御模式，这样的反应可能会让大志感到被攻击，从而更加坚持自己的观点，导致沟通陷入僵局。

那么，我们该如何正确应对呢？你可以试着这样回应大志——

正确反驳：大志，看来你对时尚很有见解呢。不过，每个人的审美都是不同的，我个人觉得这件裙子颜色鲜艳，很符合我今天的心情，没有妨碍谁吧？

正确原因：这种回应尊重了大志的观点，同时以开放包容的态度提出合理质疑，引导其自我反思，避免了直接冲突。此举不仅能让大志认识到自身评论的主观性，还可能引发他对审美标准的深入思考，利于双方和谐交流。

小结

喜欢指手画脚者的心理动机

那些爱指手画脚的人，总想成为人群中的焦点，秀一把智慧和权威。说不定他们只是想借此掩饰内心的小慌张，找点自信罢了。

如何应对喜欢指手画脚的人

❶ 巧妙转移话题，尊重对方又保护自己的选择，和谐不冲突。

❷ 将方案升华至团队合作，共同讨论，让团队力量绽放光彩！

❸ 以开放心态质疑，促对方思考，和谐交流，审美无绝对。

---

05 面对喜欢打断别人的人，"该出手时就出手"

你是否经常遇到这样的人：每当你正兴致勃勃地分享时，他们总是急不可耐地打断你？这种被打断的感觉，如同美妙的旋律被突然掐断，让人心生不悦。那么，该如何优雅地应对这类"插话大王"呢？

一、利用非语言信号提醒对方

这天，你正在和一群朋友热烈讨论某个话题，正说到兴头上，突然有个人不耐烦地打断了你。这时，你很容易恼火，但如何反应却是一种艺术。

错误反驳：你能不能别总打断我？！每次我想表达点什么都被你打断，真的很烦人！

对方立刻回怼："你讲得太慢了，我只是想补充一点！不行吗？"

你被人这样一回击，谈兴大打折扣，现场气氛也有些尴尬。

错误原因：这样的反驳很容易激起对方的反感。直接指责对方打断自己，虽然表达了不满，但也会让对方感到尴尬甚至愤怒，很可能导致争论升级。

喜欢打断别人的人，其心理动机可能是希望吸引他人的注意，或是觉得自己的观点更为重要，需要优先表达。此外，也可能源于内心的焦虑或不安全感，希望通过打断来获得对话的主导权，以此来减少内心的不确定性。

因此，被别人打断时，你可以利用非语言信号来提醒对方——

正确反驳：你可以微笑着举起一只手，掌心向外，做出一个"暂停"的手势，并用眼神示意对方稍等。

当然，同时你也可以轻松地转向打断你的人说："哎，我有个小小的请求，能否等我先说完这一点？你的观点我非常期待听到，但请给我几分钟时间完成我的发言，谢谢！"

正确原因：通过非语言信号（手势和眼神）来示意对方等待，这种方式更为委婉，不会直接触怒对方。同时，你的言辞表达了对对方的尊重，也明确了自己的需求。这样的回应既保护了自己的发言权，又避免了直接的冲突。在日常生活中，学会用非语言信号来应对，不仅可以维护良好的沟通氛围，还能展现出自己的风度和智慧。记住，有效的沟通不仅仅是说话，更是倾听和尊重。通过这样的方式，你能够更好地掌控对话的节奏，同时也让对方感受到你的尊重和善意。

二、重申被中断的观点间接反对

在一个繁忙的工作日，你正参加一个重要的项目会议，轮到你分享最新的市场调研结果。正当你说得兴起，小段突然打断了你："等等，我有个疑问，你这个数据是从哪里来的？我觉得不太靠谱。"你本来正在流畅地讲述，突然被打断，心中有些不悦。

错误反驳：你能不能听完再说？我这还没讲完呢！

小段一听，脸上闪过一丝不悦："我只是问个问题，你说话不能质疑吗？"

你俩的对话让会议室的气氛变得微妙起来，其他同事也感到有些尴尬。

错误原因：直接的指责让小段感到被攻击，这不仅没有解决问题，反而让场面更加紧张。你的回应显得有些冲动，没有体现出成熟的态度，反而可能让其他人觉得你不够专业，无法妥善处理突发情况。

被人打断时，你不用冲动，可以采取更为智慧的策略。你可以等小段说完后，微微一笑，平静地说——

正确反驳：正如我刚才所说，这个数据来自……

接下去你继续分享你的观点，并在适当的时候解释数据来源和可信度，确保所有人都能跟上你的思路。

正确原因：首先，等对方说完再回应，展现了良好的情绪控制和耐心，避免了冲突升级。接着，重申被中断的观点，既表明了自己对所讲内容的坚定态度，又能让会议回到正轨，同时间接地表达了对对方打断的不满。通过平静地解释数据来源和可信度，体现了专业素养，让其他人更容易接受观点。这种方式既维护了自己的发言权利，又能让会议在理性的氛围中进行，展现出成熟的处事能力。

三、运用幽默传达你的立场

在一个轻松的周末聚会中，你正和亲友们围坐在一起，分享着各自的经历和趣事。当你讲到一半时，你的表弟突然插嘴："哎呀，这个我知道，其实……"

你的话被生生打断，心里不痛快，忍不住回了一句——

错误反驳: 你能不能等我说完再发表意见？没人会认为你是哑巴！

表弟一听，脸上顿时红了一片："我只是想补充一点，你不喜欢我说话，那我离开好了。"

说着表弟转身离开，弄得旁人责怪你说话太冲。

错误原因: 你的反驳方式过于直接和尖锐，没有考虑到对方的感受，导致表弟感到尴尬和被冒犯，最终选择离开。这种回应方式破坏了聚会的轻松氛围，也影响了与亲友之间的关系。应当选择更为委婉且带有幽默感的方式表达自己的立场。

其实，你没必要因为被打断而动气，可以笑着说——

正确反驳: 看来我得加快语速了，不然你又要抢我台词了。

正确原因: 这样的回应既表达了你的立场，又带有一定的自嘲和幽默感。你没有直接指责表弟，而是通过一种轻松的方式指出了他的行为不妥。这样的回应更容易被表弟接受，同时也能够缓解尴尬的气氛。其中，"加快语速"是一种夸张的表达方式，它暗示了你希望有更多的表达空间，而"抢台词"则以一种戏谑的方式指出了表弟打断你的行为不妥。这样的言辞既简洁又有趣，能够在不伤害对方感情的前提下，有效地传达你的立场。

小结

喜欢打断别人者的心理动机

喜欢打断别人的人，可能是想抢镜、觉得自己更重要，或是内心不安，希望通过打断来掌控对话，减少内心的不确定性。

如何应对喜欢打断别人的人

❶举手示意，用微笑眼神交流，无须多言，便能让打断者心领神会，默默等待，维护和谐的交流氛围。

❷被打断时，耐心等对方说完但不作回应，然后重申自己的观点，让对话重回正轨，展现你的沉稳与智慧。

❸用幽默自嘲化解尴尬，既传达立场又增添乐趣，让打断者意识到自己的不妥，同时保持氛围轻松。

06 面对喜欢混淆视听的人，多强调共同目标

工作中是否总遇到那些喜欢混淆视听的人，让你头疼不已？他们一句话就能让讨论会变成辩论赛，让你有理也说不清。别急，这里有一份应对指南，帮你轻松破解他们的"迷魂阵"，让沟通回归正轨，让你从"辩论小白"变身"逻辑高手"！

一、强调共同目标，呼吁回归理性

在公司里，小肖是个喜欢混淆视听的人，总能在讨论中带偏话题。这不，最近的一个项目讨论会上，小肖又开始"兴风作浪"了。

小肖说："我觉得我们这个项目的目标定得太高了，根本不可能实现。大家还不如把精力放在其他更容易完成的项目上。"

错误反驳：你这是什么逻辑？项目目标高是因为我们有信心挑战自己，你这么消极，是不是怕自己完不成任务？

小肖听了，脸色一沉，恼火地回怼："你这是人身攻击吗？我只是提出自己的看法，怎么就消极了？你这样只会让大家不敢发表意见！"

错误原因：你的反驳太直接，带有情绪色彩，不仅没有针对小肖的观点

进行有效反驳，反而让他产生了抵触心理。这样的反驳方式，不仅无法解决问题，还可能导致团队氛围紧张。

喜欢混淆视听的人，往往是出于自我保护或彰显自我。他们可能缺乏安全感，通过搅浑水来掩盖自己的不足；或是为了显示自己的聪明，故意提出争议性观点，吸引注意，获得掌控感。这种行为有时也是为了转移话题，避免面对自己不愿面对的问题。

了解到这种人的心理动机，你的反驳就可以有的放矢——

正确反驳：小肖，我理解你的担忧，但我们首先要明确，目标定得高，是为了激励我们发挥潜能。你说目标难以实现，那我们不妨一起分析一下难点在哪里，如何解决。把精力放在其他项目上，固然稳妥，但长远来看，不利于公司发展。咱们还是回归理性，一起为实现共同目标努力，你说呢？

正确原因：首先，你表示理解小肖的担忧，降低了对方的敌意。接着，你强调了共同目标，让大家意识到讨论的初衷。然后，你提出了具体解决方案，引导大家回归理性讨论。最后，你用简洁有力的语言，有力地表达了自己的观点，既不失风度，又让人信服。

二、使用类比或比喻，简化复杂概念

小丁是个聪明人，但有时候他聪明反被聪明误。他总喜欢在一些讨论中混淆视听，把简单的问题复杂化。这不，最近在你们的一次聚会中，他又开始了他的"表演"。

小丁说："你看，现在的科技这么发达，人工智能都要取代人类了，我们学习新技能还有什么用呢？反正将来都是机器人的天下。"

你一听这话，心里就不舒服，立刻反驳道——

错误反驳：你这么说就不对了，科技再发达，机器人也取代不了人类。

然而，小丁却一脸不屑地回怼："取代不了？你看看现在多少工厂都用机器人代替人工了，你这就是故步自封！"

错误原因：你的反驳方式过于直接，缺乏深入的分析和具体的论据支持，没有针对小丁提出的"机器人取代人类"的观点进行有效辩论。因此，你未能成功驳斥小丁的立场，反而被他用现实案例轻松反驳，使你陷入被动。

那么，如何正确地应对这种情况呢？你可以尝试使用类比或比喻来简化复杂概念，让对方更容易理解你的观点。

正确反驳：小丁，你说机器人会取代我们？就像说飞机出现后，人们就不需要再走路了一样。机器人再厉害，也需要我们的智慧去驾驭。学新技能，不仅为了饭碗，更为了让我们在未来驰骋不倒！别被科技吓倒，我们要与之共舞，才能立于不败之地！

正确原因：通过生动的类比——"飞机与走路"，你简化了复杂的科技取代人类的观念，明确指出机器人的发展并不意味着人类的无用。你强调人类的智慧和技能的重要性，鼓励与科技共舞而非恐惧，这样的反驳既有力又富有启发性，使人信服。

三、利用反问，让对方发现问题

傍晚的小区，微风拂面，你正享受着一天中难得的悠闲时光。这时，邻居阿昆走了过来，一开口就抛出了他的"独特见解"：

阿昆说："你看，现在这小区绿化搞得太过了，浪费钱，还招虫子。咱们业主交的物业费都花在这没用的地方了。"

错误反驳：阿昆，你这话我就不爱听了，绿化不是浪费，这是美化环境，提升居住质量的好事！

你这么一说，阿昆立刻皱起眉头，更加恼火地回怼："美化环境？那也得看看实际情况，现在的问题是虫子多，你这是本末倒置！"

错误原因：你的反驳太直接，没有针对阿昆的观点进行有效分析，反而让他觉得你在无视他的担忧。这样的反驳方式，不仅没能让阿昆认识到他的错误，反而加剧了你们之间的争执。

你可以换个方式，利用反问让他自己发现问题——

正确反驳：阿昆，我明白你担心虫子的问题，但如果没有绿化，咱们小区的空气质量怎么保障？再说，物业费的使用，不都是为了提升咱们的生活环境吗？你觉得绿化没用，那有没有更好的方案来解决虫子问题，同时保持小区美观呢？

正确原因：首先，你表达了对阿昆担忧的理解，使阿昆的情绪得到一定缓解。接着，通过反问指出没有绿化会带来的问题，让阿昆意识到绿化并非完全无用。同时，将问题抛回给阿昆，促使他思考解决办法，而不是一味指责绿化不好。这种方式既展现了你的理性思考，又引导阿昆从不同角度看待问题，从而更有可能达成共识。

小结

喜欢混淆视听者的心理动机

喜欢搅局的人，要么是怕露馅儿，要么是想秀智商。他们爱搅浑水掩盖短板，或是抛争议求关注，有时也是为了躲开不想碰的难题。

如何应对喜欢混淆视听的人

❶ 面对混淆视听者，如牵风筝般稳稳拉回话题主线，让讨论回归本质，不迷失在语言的迷雾中。

❷ 用生动的比喻或类比，将复杂问题化繁为简，让对方在轻松一笑中领悟真相。

---

❸巧妙反问，引导混淆视听者自我反思，于无声处听惊雷，让他们自己在逻辑中觉醒。

07 面对爱找碴的人，将"球"抛给对方

面对那些总爱挑剔、找碴的人，你是否常感无奈和困扰？他们的批评似乎总是无孔不入，让你疲于应对。下面带你深入了解这类人的心理动机，并教你如何用高情商的方式化解冲突，让你的生活和工作更加顺心顺意。

一、请求具体方案，促其从批评者转为建设者

在办公室的一次团队讨论中，你提出了一个新的市场推广方案。当你满怀信心地展示完策划案后，小赵却带着几分戏谑的口吻说："这方案听起来挺有创意，但你确定这不是天方夜谭吗？我们哪有那么多资源和时间去做这些啊。"有人闻言轻笑，其他人也跟着哄笑起来。

你感到脸上有些挂不住，于是立刻反驳道——

错误反驳：你怎么总是这么消极？资源不够我们可以申请，时间不够我们可以加班，你凭什么一开始就否定我的方案？

小赵不以为然，撇嘴道："哼，说得轻松，到时候出了问题谁负责？你这种人就只会纸上谈兵。"

错误原因：你的反驳显得过于生硬和情绪化，没有有效处理小赵的质疑，反而进一步激发了冲突。这样的回应方式可能让团队成员觉得你缺乏应对批评的成熟度和团队协作精神。

喜欢找碴的人的心理动机可能包括：追求公平感，对不均等现象感到不满；内心自卑或缺乏安全感，通过挑剔他人以获得优越感；过度自我中心，难以接受不符合自己预期的事物；或试图通过找碴行为吸引他人关注。

因此，面对小赵的质疑，你可以巧妙地把"球"抛给他，引导他参与到方案的完善中来。

正确反驳：小赵，谢谢你的意见。这个方案确实还有需要完善的地方。那么你有哪些具体的改进建议呢？相信加入你的智慧，这个方案就完美了！

正确原因：这样的回应就是将"球"抛给了对方，巧妙地邀请小赵参与方案的优化过程。你展现出了开放和合作的态度，这将有助于提升团队的凝聚力和创造力。同时，通过引导对方共同思考解决方案，你也展示了作为团队一员的责任感和主动性。

二、保持自信，引导正面交流

你有个朋友小艾，总喜欢挑你的刺。今天，小艾又来了，一进门就指着你的新发型说："哎，你这头发剪得真难看，跟狗啃的似的。"

错误反驳：你懂什么？这可是今年最流行的发型！

这样的回应招致小艾更不客气地回怼："流行就代表好看吗？感冒也有流行感冒呢，你这审美也太差劲了！"这样的对话，只会让气氛更加紧张。

错误原因：你直接否定了对方的观点，没有给他表达的空间，反而激起了他的攻击性。人们在面对批评时，本能的反应是自我防卫，但这样往往会让对方感到被忽视和冒犯。

那么，正确的应对方式是什么呢？你可以保持自信，并将谈话引向正面交流——

正确反驳：每个人都有自己的审美，我觉得这个发型挺好的，请尊重我的选择。批评别人的外表并不是一种礼貌的行为。

正确原因：首先，你强调每个人都有自己的审美，表明了尊重个体差异的重要性，这种态度有助于建立一个包容和理解的对话环境。其次，你表明自己这个发型挺好的，并且请对方尊重你的个人品位，这种自信的态度可以减少对方对你的负面言论，并引导对方今后进行更正面和尊重对方的交流。最后，你指出批评别人的外表不礼貌，这种直接的提醒有助于对方意识到自己的不当行为，同时也为对方提供了改正的机会。

三、寻找共同点，建立沟通桥梁

在学校的一场篮球比赛中，你凭借着出色的发挥，帮助球队取得了胜利。赛后，没能上场的小查同学走过来，带着几分挑剔的语气说："你打球的动作不规范，还有犯规嫌疑。而且，你太注重个人表现了，根本不注重团队配合。"

你听到这话，心里很不是滋味。毕竟，你为了这场比赛付出了不少努力，而且队友们也都认为你的表现很棒。于是你这样回应——

错误反驳：你懂什么？我打球的技术比你好多了，你凭什么说我不注重团队配合？

小查一听，脸上闪过一丝不悦："我只是提出我的看法，你在这里显摆什么？！"

错误原因：这种反驳方式显得过于冲动和攻击性，没有理性对待小查的批评，反而以自我为中心进行反驳，容易引起对方的反感和抵触，不利于建立良好的沟通和关系。正确的做法应该是尊重对方的观点，尝试寻找共同点，建立有效的沟通桥梁。

其实，你换一个角度想，他这样找碴也是有积极意义的，比如你可以这么回应——

正确反驳：谢谢你的关注。我知道每个人都希望比赛更加精彩，也希望能看到更多团队配合。不过，你有没有注意到我在比赛中的一些传球和助攻呢？我觉得我们可以在这些方面多交流交流，互相学习，让我们的球队更加强大。

正确原因：你的回应展现出了成熟与智慧。首先，你表达了对小查观点的尊重和感谢，这有助于缓和紧张气氛。接着，你巧妙地提出了自己在比赛中的团队配合表现，这既是对小查批评的回应，也展示了你的团队精神和合作态度。最后，你邀请小查一起交流学习，这不仅有助于增进彼此的理解，还能共同促进球队的进步。

小结

爱找碴者的心理动机

找碴者或许在追求公平，或内心小自卑想找存在感，又或者太自我，总想让世界围着自己转，不然就是想成为人群中的焦点！

如何应对爱找碴的人

❶ 把"球"巧妙抛给找碴者，化质疑为共建，携手让点子更亮眼，共创团队和谐氛围。

❷ 保持自信，指出对方言论不当，引导正面交流，维护自尊。

❸ 找碴声中有真金，细心寻觅共鸣音。以开放心态搭建沟通之桥，携手前行。

08 | 面对不停唠叨的人，以静制动，令其自讨没趣

你应该遇到过那些不停唠叨的人，他们的言语如洪水般涌来，让你感到窒息；他们的关心和担忧让你感到压力山大，但又无法直接反驳，因为这背后往往隐藏着他们的善意和情感。那么，如何巧妙应对不停唠叨的人呢？请往下看——

一、以静制动，令其自讨没趣

在熟悉的家庭餐桌上，你正享受着妈妈精心准备的晚餐。但随之而来的，是妈妈对你个人生活的一连串唠叨。

"你看你，工作这么忙，什么时候才能找到对象啊？再不抓紧，好的都被人挑走了！……"妈妈忧心忡忡地絮叨起来。

你一时没控制住自己的情绪，立刻反驳——

错误反驳："妈，你能不能别总催我？找对象这事哪能说有就有，你这样催我压力更大！"

妈妈听了，情绪也上来了，连珠炮似的说："我催你还有错了？我这还不是为了你好，你这孩子怎么就这么不懂事！……"

错误原因：这种直接的反驳和表达不满，没有顾及妈妈关心你的立场和情感，反而让她觉得自己的好意被误解。此外，你的反驳带有抵触情绪，没有用平和的方式去化解妈妈的担忧，反而加剧了双方的矛盾。

那些不停唠叨的人，其心理动机往往是多方面的。他们可能渴望被倾听和理解，通过反复诉说以释放内心的压力和不满；也可能是在寻求关注，试图通过唠叨来引起他人的注意和关心；还有可能是自我肯定的一种表现，通过不断重复来强化自己的观点或经历。

因此，面对妈妈的唠叨，正确的做法是不动声色，以静制动去化解唠叨。

正确反驳：你不动声色地吃着饭，偶尔看一眼妈妈，但并不回怼，又接着低头继续吃饭。

正确原因：采取不动声色的态度，是为了避免直接冲突，不让妈妈的关心变成双方争执的源头。继续吃饭并偶尔看向妈妈，是一种非言语的沟通方式，传达出你在倾听她的意见。这种以静制动的回应方式，既没有让妈妈觉得自己的好意被忽视，也没有表现出不耐烦或抵触的情绪。这种平和的态度让妈妈感受到你的理解，同时也让她觉得没趣或反思唠叨过多，不再唠叨了。这样的回应方式既保持了家庭和谐，又没有直接冲突，是一种有效处理家庭矛盾的方法。

二、提出问题核心，引导对话方向

在一个忙碌的午后，你正埋头于手头的工作，上司突然把你叫到办公室，又开始对你唠叨起来。

"你怎么总是这样，工作进度这么慢，效率这么低，到底在干吗？……"上司不满地说道。

你想对方尽快结束这无休止的唠叨，结果一不小心说错了话——

错误反驳：哎呀，我这不是正在做吗？您总催我，我更做不好了！

上司听了，眉头一皱："我这还不是为了你好？你这么抵触，工作怎么能做好？……"

错误原因：这种反驳带有情绪化和抵触感，不仅没有表现出对工作的积极态度，反而可能让上司觉得你在推卸责任，不愿意接受批评和改进。

面对上司的唠叨，正确的做法是引导对话方向，提出问题核心。

正确反驳：嗯嗯，您说得对，我这效率确实得提高。不过，我想请教一下，您对我提高工作效率有什么具体建议呢？这样我就能更准确地调整，不让您再操心了。

正确原因：通过肯定上司的关切，并主动请求具体的建议，表现出愿意接受指导和改进的积极姿态。这种方式将对话的焦点从情绪对抗转移到了问题解决上，同时也让上司参与到解决方案的制订中，增加了沟通的建设性，有助于提高工作效率并减少未来的唠叨。

三、礼貌但坚定地打断，提出重点

在一个悠闲的周末午后，你和朋友小丁坐在咖啡馆里，享受着难得的闲暇时光。然而，小丁似乎有些兴奋过度，开始不停地唠叨起最近遇到的各种琐事。

"你知道吗？我昨天去超市，那个收银员太差劲了，动作慢得要死！然后我今天早上，那个公交车，哎呀，等了半个小时才来，真是气死我了！"小丁滔滔不绝地说着。

你试图打断他，但不小心用错了方式——

错误反驳：哎呀，小丁，你怎么这么唠叨啊？这些事情有什么好说的，别抱怨了，咱们聊聊别的吧。

小丁一听，立刻有些恼火："我怎么唠叨了？这些事情我真的很生气啊，你就不能听听我说话吗？"

错误原因：你的反驳显得有些不耐烦和无视小丁的感受。在朋友需要倾诉的时候，直接打断并批评其"唠叨"，很容易让对方感到不被理解和尊重，从而加剧了矛盾。

面对小丁的唠叨，正确的做法是礼貌但坚定地打断，并提出重点。

正确反驳：哈哈，小丁，你说得这么热闹，我耳朵都快长茧子了（做出捂耳的动作）。不过，我觉得咱们是不是可以提炼一下重点？比如，你觉得收银员动作慢和公交车等太久，是不是因为你觉得自己的时间被浪费了？那咱们就聊聊怎么更好地管理时间，怎么样？

正确原因：首先，你用幽默的方式缓和了气氛，让小丁知道你并不是在无视他的感受。接着，你礼貌但坚定地打断对方，并引导对话转向更有建设性的方向。最后，你提出了具体的建议，让小丁感觉到你是在关心他的问题，并试图一起找到解决方法。这样的反驳方式既尊重了小丁的感受，又有效地引导了对话的方向。

小结

不停唠叨者的心理动机

不停唠叨的人，心里或许有个小剧场，渴望观众和掌声。他们像说书先生，一遍遍讲述自己的故事，不只是为了分享，更是为了寻找共鸣与认同！

如何应对不停唠叨的人

❶面对唠叨，像大树般沉稳，让话语如风拂过，不回应则风自停，以不变应万变，让唠叨者自感无趣，终止话题。

❷如舵手掌舵，巧妙将唠叨之舟引向解决问题之岸，化抱怨为建议，共谋良策，让唠叨变成前进的动力。

❸如炼金师，从唠叨中提取纯金，以幽默为铲，以理解为火，炼出对话精华，让交流焕发新生。

---

09 面对故意刁难的人，学会正话反说

你是否曾在聚会上遭遇朋友的无理挑剔，或是在办公室里被同事无情批评？面对这些故意刁难的时刻，你是否感到手足无措，不知如何是好？别担

心，这里将带你探索如何在不失风度的同时，巧妙应对那些让你头疼的刁难者，让你在面对这种人时能游刃有余，保持优雅和自信。

一、正话反说，让对方措手不及

在一次朋友聚会上，你带着自己精心准备的拿手菜——秘制红烧肉，满心欢喜地来到现场，请大家分享。

你的朋友阿义，尝了一口你的红烧肉后，皱着眉头说："这肉太甜了，火候也不够，你这手艺还得练练啊。"

错误反驳：你这人怎么这样，不懂欣赏就别乱说！我这可是按照传统秘方做的，你不喜欢不代表别人不喜欢。

阿义听了，脸色一沉："我这是给你提意见，你不接受就算了，说话还这么冲，以后谁还敢给你提意见？"

错误原因：你的反驳带有强烈的情绪化和防御性，没有给对方留下任何讨论的空间。这种直接的反击可能会让对方感到被攻击，从而加剧了双方的矛盾。

故意刁难的人可能出于多种心理动机：或是为了显示自己的权威与优越感，或是出于嫉妒与不满，希望通过为难他人来获得心理平衡。有时，他们也可能试图通过刁难来测试对方的反应和能力，以满足自己的好奇心或控制欲。

因此，面对阿义这样故意刁难的情况，你可以采用正话反说——

正确反驳：阿义，你这评价真是一针见血，我得好好记下来。下次我再做红烧肉，就按你的口味来，保证让你满意。不过，我听说挑剔的人往往品位独特，你这是在帮我提升厨艺呢！

正确原因：你用幽默的方式回应阿义的刁难，既没有直接对抗，也没有表现出不满，反而让对方的刁难变成了一种"帮助"，这种正话反说的技巧让对方的刁难失去了攻击力。最后，你提到下次会考虑阿义的口味，这给了对方一个台阶下，也表现出你的大度和愿意接受意见的态度。

二、以毒攻毒，让对方尝尝反噬的苦果

在繁忙的办公室里，你和同事小周正在讨论你写的一个项目报告。小周对你的工作成果总是挑剔，这次他又故意刁难你："你的报告写得太烂了，好像小学生写的流水账作文。"

错误反驳：小周，你这是什么意思？你自己的报告也没见得有多好，凭什么这么说我的？

小周一听，立刻反击："哟，被说中了就开始反击了？我至少不会写得这么幼稚，你这就是玻璃心吧。"

错误原因：你的错误反驳直接挑战了小周的批评，并且进行了人身攻击，这不仅没有解决问题，反而激化了矛盾。你没有针对他的批评内容进行具体回应，而是转移话题到他的报告上，这样的回应显得缺乏专业性和处理冲突的能力。

正确的反驳可以采取以毒攻毒的方式，不让对方得逞。

正确反驳：哈哈，小周，你这是在考验我的心理素质吗？不过话说回来，小学生都能看懂的报告，那得多通俗易懂啊，我觉得我应该感到荣幸才对。

正确原因：首先，你用幽默的方式化解了尴尬，表明你并没有被小周的话所激怒，这样的态度能够减少对方的攻击性。其次，你巧妙地转化了小周的批评，将其视为一种对报告易懂性的肯定，这不仅显示了你的自信，也让小周的刁难显得无足轻重。最后，你没有直接回应小周的攻击，而是用一种轻松的态度处理了这次冲突，这样既保持了尊严，又避免了进一步的争执。

三、一笑了之，让对方一拳打在棉团上

周末，你和一群朋友在户外野餐。朋友小南不知怎么的，突然开始故意

刁难你。

"你看你，每次出来玩都穿得这么随便，一点都不讲究。"小南挑着眉说。

错误反驳：你管我穿什么呢？我爱怎么穿就怎么穿。

小南听了，更来劲了："嘿，还不让人说啦？你就是没品位。"

错误原因：你的反驳显得很任性和抵触，没有以恰当的方式处理小南的刁难。这种回应只是在强调自己的自由，却没有化解小南的攻击，反而让小南觉得你在逃避问题，从而更加肆无忌惮地继续刁难。

面对小南的故意刁难，正确的做法是幽默化解，一笑了之。

正确反驳：小南啊，你这时尚达人的眼光就是高。我这随便穿穿是为了衬托你嘛，不然你这精心打扮都没处显摆了。

正确原因：首先，用幽默的话语承认了小南在时尚方面的"权威"，让小南的情绪得到一定的满足。接着，把自己的随便穿着说成是为了衬托小南，巧妙地把小南的刁难转化为一种对他的赞美。这样既化解了尴尬的局面，又让小南不好意思再继续刁难你。同时，也展示了你的大度和机智，让朋友们看到你能够以幽默的方式应对难题，而不是被小南的刁难激怒，从而维护了良好的人际关系。

小结

故意刁难者的心理动机

故意刁难的人，有的是想秀一把优越，有的是心理不平衡搞点小动作，还有的纯属"好奇宝宝"，想看看你应对难题的本事咋样！

如何应对故意刁难的人

❶ 巧妙地将刁难转化为赞美，让对方措手不及，你的大度让刁难成了提升自己的契机。

❷ 用幽默回击，让刁难的箭矢反弹，轻松化解尴尬，展示你的智慧和自信。

❸ 笑对刁难，以高情商回应，让对方的刁难如同泥牛入海，无影无踪。

10 面对总是找借口的人，引导对方跳入逻辑陷阱

生活中遇到爱找借口的人，让人无奈又气恼。是任由他们推脱责任，还是陷入争吵？下面教你巧妙应对之法，让你在面对找借口的人时不再被动，既能解决问题又能促进良好关系，快来探索应对之道吧。

一、引导对方进入逻辑悖论

周六下午，你和小丛约好时间商谈一件事。但当你准时到达约定地点时，小丛却迟迟未至。你等了又等，终于在过了约定时间半小时后，小丛才匆匆赶来。

一见面，小丛就开始找借口："哎呀，真是不好意思，今天路上太堵了，所以来晚了。"

你心里正窝火呢，听了有些不悦，于是恼火地回应——

错误反驳：你总是这样，每次都找理由，从来都不承认自己有错！

小丛立刻火冒三丈："我怎么就找理由了？堵车是事实啊！我又不能飞过来！"

你发现自己陷入了被动的局面，这样的反驳显然没有说服力，反而激起

了对方的反感。

错误原因：你的反驳过于情绪化，没有针对小丛的借口提出有力的逻辑反驳，只是表达了不满和指责，这很容易引起对方的抵触和反击。

总找借口的人往往出于自我保护的心理动机。他们可能害怕承认错误或面对失败，因此寻找外部原因来转移责任，以减轻内心的焦虑和自责。这种行为反映了一种逃避心态，不利于个人成长和面对挑战。

因此，因为对方总是在找借口，本身逻辑就站不住脚，你可以引导对方进入你设计的逻辑悖论——

正确反驳：小丛，如果你说是因为堵车才导致迟到，那么上次在没有堵车的情况下，为什么你还是迟到了呢？

正确原因：通过提出"上次没有堵车为什么也迟到"的问题，你成功地引导小丛进入了一个逻辑悖论，让他意识到迟到的原因并不仅仅是外部因素，不要总是从外在找借口，而要从自身找原因。这样的反驳方式既指出了问题的实质，又没有直接指责对方，更容易让对方认识到自己的错误，还能促进双方之间的理性沟通和相互理解。

二、区分可控与不可控因素

弟弟大学毕业后，几个月过去了都没有找到合适的工作。这天，一家人坐在一起吃饭，谈到了这个问题。

弟弟开始找借口："现在工作太难找了，竞争太激烈，我也没办法啊。"

你觉得弟弟对找工作不太上心，于是没好气地说——

错误反驳：怎么就没办法了？别人都能找到工作，就你找不到，是你不努力！

弟弟听了，顿时火冒三丈："你说得轻松，你又不是不知道现在的就业形势有多严峻，怎么能怪我不努力呢？"

错误原因：你的反驳没有考虑到弟弟的感受，只是简单地将找不到工作归咎于他不努力，没有认识到外部环境的影响。这种回应方式让弟弟觉得自己被误解，所以会更加恼火地回怼。

面对弟弟总找借口的情况，正确的做法是区分可控与不可控因素。你可以这样说——

正确反驳：老弟啊，我知道现在找工作确实不容易，竞争激烈这是不可控的因素。但咱也有可控的地方呀，比如咱可以多投几份简历，多去参加一些招聘会，提升自己的能力与面试技巧。咱不能光盯着那些不可控的因素，得在可控的方面多下功夫，你说是不是？

正确原因：首先，认同弟弟所说的就业形势严峻这一不可控因素，让他感受到被理解。接着，指出有很多可控的方面可以努力，为弟弟提供了具体的行动方向。这样的反驳既没有否定弟弟的困难，又让他认识到自己可以有所作为，从而减少找借口的行为。语言简洁明了，还带有一点引导性，让弟弟更容易接受，也有助于他积极行动起来去找工作。

三、重申团队目标和个人责任

在紧张忙碌的工作日，你和同事阿芥共同负责一个重要项目。项目截止日期临近，但阿芥总是找各种借口推脱，进度严重滞后。

错误反驳：阿芥，你这已经不是第一次了，每次都找借口，我们这个项目怎么办？你这样不负责任，让我们怎么相信你？

阿芥听了，情绪立刻变得激动："我怎么不负责任了？我手头还有别的工作，你又不是不知道，凭什么都怪我？"

错误原因：你的错误反驳直接指责了阿芥的不负责任，这种指责可能会让他感到被攻击，从而触发防御机制。你没有提供一个解决问题的方案，也没有展现出对阿芥工作量的理解，这可能会让他感到孤立无援，进而加剧了双方的矛盾，不利于团队协作和项目推进。

面对阿芥总找借口的情况，正确的做法是重申团队目标和个人责任。你可以说——

正确反驳：阿芥，我明白你最近很忙，但我们这个项目对团队来说真的很重要。我们每个人都有自己的责任，你的那部分对我们能否按时完成项目至关重要。希望你能克服困难，按时完成，如果实在有困难，我看是否能协助你？

正确原因：首先，你强调了项目对团队的重要性，让阿芥意识到他的行为对整个团队的影响。接着，你明确指出了阿芥在项目中的责任，让他明白自己的工作对项目成功的重要性。最后，你又表达了可以援手的意愿。这样一来，既表达了你的关切，又提出了具体的行动方案，避免了不必要的冲突。

小结

总找借口者的心理动机

总找借口的人，就像是鸵鸟，遇到难题就把头埋进身体里，以为能逃避。其实，这只是他们自我保护的小把戏，怕被失败吓到而已。

如何应对总找借口的人

❶巧妙利用悖论让找借口者自我觉醒，意识到错误不仅源于外界，更多需从自身找原因。

❷明确划分困境中的可控与不可控因素，鼓励在可控范围内积极行动，减少借口。

❸强调团队目标，明确个人职责，激发责任感，让找借口者主动担当，共同推进任务。

PART3 反驳，
有时也可以很温柔

　　反驳，并非总是剑拔弩张，温柔亦能克刚。面对炫耀，真诚请教暖人心；对自大者，轻描淡写显智慧；对好心之人，温柔转折护情谊……温柔的反驳，让沟通如沐春风，和谐共处。

01 面对喜欢炫耀的人，真诚地向他"请教"

生活中遇到爱炫耀的人，是不是特烦人？听他们显摆，心里不爽，反驳又怕闹僵。别愁！往下看，教你几招巧妙应对法，让你在面对爱炫耀的人时不再尴尬无奈，既能巧妙化解，又能保持良好关系。

一、真诚请教法

在同学聚会上，大家正愉快地聊天。这时，同学阿耀伸出手腕，故意晃了晃，向你炫耀他手腕上的高档手表："看，我这新表，名牌货，花了不少钱呢，你……"

阿耀这样跟你炫耀，你很烦，为了堵住他的嘴，你不等他往下说立即回应——

错误反驳：有啥了不起的，不就是一块表嘛。

阿耀听了，脸色一沉："你懂什么，这表可不是一般的表。"

错误原因：你的反驳充满了不屑和轻视，没有考虑到阿耀炫耀的心理需求。这种直接否定的方式让阿耀觉得自己的成就没有得到认可，从而引发了他的不满和回怼。

喜欢炫耀的人的心理动机可能源于内心的不安全感和渴望被认可。他们希望通过展示自己的成就或财富，来获得他人的赞许和羡慕，从而提升自我价值感和满足感。这种炫耀行为，往往也是自信心不足或需要外界肯定的一种表现。

因此，面对阿耀的炫耀，正确的做法可以采用真诚请教法。

正确反驳：哇，这表真不错！听说这种高档手表保养起来很麻烦呢，你知道具体要怎么保养吗?

正确原因：这样的回应首先肯定了阿耀的手表，满足了他的炫耀心理。然后，通过真诚地请教保养方法，把话题从炫耀转向了实用性，让阿耀不得不思考如何回答你的问题，从而停止了炫耀。同时，这种方式也显示了你的谦虚和对知识的渴望，让阿耀感到被尊重，有助于维护良好的同学关系。

二、转移话题法

傍晚，你在小区的公园里悠闲地散步，这时，邻居大何走了过来，一脸兴奋地准备分享他最近的旅游经历。

"嘿，你知道吗？我刚去了三亚，那里的海水真是清澈啊！"大何得意地笑着说，"住的酒店也是顶级的，服务超级棒。每天早上醒来就能看到海景，还有……"

你听着听着，心里有些不耐烦，于是不假思索地反驳——

错误反驳：你炫耀这些有什么用，旅游不就是花钱找罪受吗？有什么大不了的。

大何一听，脸色立刻沉了下来："我怎么就炫耀了？分享一下旅游经历也不行吗？你就是羡慕嫉妒恨！"

错误原因：你的话语中透露出一种轻视和不耐烦，这让原本想分享喜悦的大何感到被泼了冷水。这种直接的反驳方式很容易引起对方的反感和不悦。

其实，你可以用一种更巧妙的方式来转移话题——

正确反驳：哎呀，家里有事我忘了，对不起，不能听你聊了。我得赶紧回去处理一下。

说完，你摆摆手，快步离开。

正确原因：这样回应，你没有直接否定大何的分享，而是以家中有急事为由巧妙地中断了对话。这样做既不会让大何感到被冒犯，又能有效地转移话题。而且，你的言辞简洁有力，没有给大何留下继续炫耀的机会。这种处理方式既避免了尴尬，又保持了双方的友好关系。

三、自嘲对比法

在充满活力的公司茶水间，你正准备享受一杯咖啡带来的短暂放松。同事小黄走过来，兴奋地向你炫耀他这个月的工作业绩。

"我跟你说，我这个月的业绩又创新高了，客户特别满意，领导表扬了我，还说要给我升职呢！我……"小黄眉飞色舞地说。

你心里清楚，业绩固然重要，但团队合作和互相支持同样关键。你试图提醒他——

错误反驳：小黄，业绩好是好事，但你也别太得意忘形了，我们团队其他人也很努力的。

小黄听了，脸色一沉："我怎么就得意忘形了？我这是凭实力说话，你这是嫉妒吧！"

错误原因：这种直接的指责和质疑，没有考虑到小黄的感受，反而可能让他觉得自己的成就被贬低。此外，你的反驳带有挑战的语气，没有采用更为巧妙和轻松的方式来缓和气氛，反而可能激起对方的逆反心理。

面对小黄这样的炫耀，正确的做法是采用自嘲对比法，以幽默的方式化解对方的炫耀。

正确反驳：唉，我最近可惨了，工作上老是犯错，感觉随时要被炒鱿鱼了。你这么厉害，真羡慕你啊。

正确原因：首先，你通过自嘲的方式，展现了自己的谦逊和幽默感，这不仅能够减轻小黄的防备心理，还能够让他意识到自己的炫耀可能对他人产生的影响。接着，你用羡慕的语气来表达对小黄业绩的认可，这种轻松的对比，既没有直接否定小黄的成就，又巧妙地表达了自己的观点。最后，你的自嘲和幽默能够缓和气氛，让小黄在得意之余也能够反思自己的行为，同时也能够促进你们之间的友好关系。

小结

喜欢炫耀者的心理动机

喜欢炫耀的人可能只是心里有点小慌张，想晒晒自己的宝贝，听听大家的赞美，给自己增加点自信，顺便享受一下被羡慕的快感！

如何应对喜欢炫耀的人

❶ 以欣赏的眼光看待炫耀，用求知欲熄灭炫耀的火焰，既满足对方又掌控话题。

❷ 找准时机，借口抽身，避免尴尬，让炫耀者自说自话，你则优雅地转身离开。

❸ 以退为进，用自嘲化解对方的得意，幽默中见智慧，让对方在笑声中反思。

---

02 面对喜欢讲大话的人，轻描淡写不共情

面对身边那些口若悬河、喜欢讲大话的人，你是否常感无奈与困扰？他们的夸大其词不仅让人难以置信，还可能影响沟通和信任。别担心，这里将为你揭秘如何应对这类情况，让你轻松化解尴尬，重拾愉快交流！

一、轻描淡写不共情

周末的上午，你在小区花园里晒太阳，邻居老张走了过来。老张一向喜

欢讲大话，这次也不例外。

"嘿，知道吗？我最近买了一只股票，那收益，简直不可想象！以后我可就是大富豪了。"老张得意扬扬地说。

错误反驳：老张，你就吹吧，哪有那么好的事儿。

老张听了，立刻火冒三丈："我怎么吹了？我这是真事儿，你别不信。"

错误原因：你的反驳直接否定了老张的话，让他觉得自己没有被信任，面子上挂不住。这种方式很容易激起对方的逆反心理，让他更加坚定地要证明自己，从而导致矛盾升级。

喜欢说大话的人可能出于多种心理动机。他们可能想借此提升自己的社会地位，显示自己的能力和影响力。或者他们渴望被关注和赞赏，因此夸大言辞以吸引他人注意。此外，一些人可能因自卑感而试图通过夸夸其谈来掩饰内心的不安。

面对老张这样喜欢讲大话的人，正确的做法是轻描淡写不共情。

正确反驳：你面无表情，轻描淡写地回应"哦"。

正确原因：这样的回应非常简洁，只是一个语气词，没有表达任何的态度。这种轻描淡写的回应，就像给对方的大话浇了一盆冷水，让他的热情瞬间冷却，从而达到让他闭嘴的效果。而且，这种方式不需要你花费太多的精力去和对方争论，轻松又省力。

二、正面引导话题

在充满活力的公司会议室里，你和同事小蒋正在讨论一个产品的推广方案。小蒋突然打断了你的发言，开始夸夸其谈："我有个绝妙的点子，……按照我说的做，保证能让我们的产品在市场上火起来，你们就等着瞧吧！"

你心里清楚，虽然创意很重要，但可行性和执行力同样关键。于是，你出口反驳——

错误反驳：小蒋，你每次都这么说，但哪次真正实现了？别光说不练啊！

小蒋听了，立刻反驳："我怎么就光说不练了？你这是不相信我的能力吗？"

错误原因：这种直接质疑对方能力和诚信的反驳方式，不仅没有考虑到小蒋的感受，反而可能让他觉得自己被轻视和不被尊重。此外，你没有提出建设性的意见或建议，只是一味地否定，这可能会让小蒋感到防御和抵触，不愿意进一步讨论和合作。

面对小蒋这样喜欢讲大话的同事，正确的做法是正面引导话题。

正确反驳：你的想法确实很有创意，不过你准备如何将这些想法一一落实呢？

正确原因：首先，你通过肯定小蒋的想法，表现出了对他的尊重和认可，这有助于缓和气氛，让小蒋感到被重视。接着，你用开放式的问题引导小蒋思考如何将想法付诸实践，这种方式不仅能够鼓励他深入思考，还能够将对话引向更具建设性的方向。最后，你的提问方式简洁有力，既没有直接否定小蒋，又巧妙地引导他关注执行力，这样的反驳方式有助于促进团队合作和项目的成功。通过这样的方式，你不仅能够有效地引导小蒋思考问题的实际解决方案，还能够以积极的态度促进团队的沟通和协作。

三、顺着话茬开玩笑

你和朋友阿华坐在咖啡馆里闲聊，他忽然一脸得意地对你说："我昨天跑步一口气跑了 50 千米，要不要一起开始跑步，我带你？"

你一听就觉得这不太可能，于是你错误地反驳道——

错误反驳：阿华，你就吹吧！50 千米？别逗了，马拉松才 42.195 千米，你怎么可能跑那么远？

阿华立刻显得不悦："人家真的跑了嘛,你怎么就不相信人呢!"

错误原因:你的反驳方式直接质疑了阿华的说法,这很容易让他感到被冒犯,从而引发争执。即使对方在说大话,直接戳穿也往往不是明智之举,这会让对方感到尴尬,甚至产生敌意。

其实,你可以试着用一种更轻松、幽默的方式来回应阿华的大话。

正确反驳:哇,那你跑得比马拉松还长,可以直接去参加超级马拉松了,说不定还能破世界纪录呢!

正确原因:你的回应没有直接质疑阿华的话,而是通过夸张他的说法,将其提升到一个新的层次——参加超级马拉松甚至破世界纪录。这样的回应既幽默又机智,让阿华意识到了自己话语中的夸张成分,同时也给了他一个台阶下。更重要的是,你的言辞中透露出的善意和幽默感,能够增进彼此的友谊,避免尴尬和冲突。

小结

喜欢说大话者的心理动机

可能是想炫耀一把,秀出自己的"超能力"!要么就是想吸睛,成为焦点。嘿,说不定心里还有点小自卑,想给自己加加分呢!

如何应对喜欢说大话的人

❶ 面对大话,微微一笑,不置可否。让对方自说自话,热情自会消退,轻松省力又避免争执。

❷ 将大话转化为实际行动计划,巧妙引导,化虚为实,既尊重对方又推进话题,双赢之举!

❸ 以幽默化解大话尴尬,让对方在笑声中自省,友谊小船稳稳前行。

03 面对过于谨慎的人，提醒机会成本

你应该遇到过那些过于谨慎的人吧，他们的瞻前顾后是否让你感到束手无策？他们总是担心风险，害怕失败，让原本充满活力的讨论变得沉闷乏味。别担心，下面将为你揭示如何巧妙应对过于谨慎的人，让你在沟通中不再感到束手无策。

一、提醒机会成本

在一次创业项目讨论会上，大家都积极地发表着自己的想法。合伙人小郭却一直沉默不语，显得十分谨慎。当你提出一个比较有创意但也有一定风险的方案时，小郭终于忍不住开口了。

"这个方案太冒险了，不行不行，万一失败了怎么办？我们不能这么草率地做决定。"小郭皱着眉头说道。

小郭前怕狼后怕虎的样子，让你禁不住想刺激他一下——

错误反驳：你怎么这么胆小啊？一点风险都不敢冒，那还能做成什么事啊？

小郭听了，十分生气："我这不是胆小，我是谨慎，万一失败了后果很严重的。"

错误原因：你的反驳过于直接和贬低，没有考虑到小郭谨慎的原因和他对风险的担忧。这种指责性的话语让小郭觉得自己的谨慎被误解为胆小，从而引发了他的不满和回怼。

过于谨慎的人心理动机通常是对风险的过度担忧。他们可能害怕失败带来的后果，担心失去已有的东西，或者源于过去的负面经历。也可能是追求完美，希望把事情做到万无一失，从而在决策和行动时变得格外小心谨慎。

因此，对于过于谨慎的人，你可以提醒这样做可能造成的高昂机会成本——

正确反驳：小郭，我知道你谨慎是为了大家好。但你想想，如果我们因为太谨慎而错过这个机会，那可能会失去很多发展的可能哦。有时候错过的成本比失败的代价更高呢。

正确原因：首先，肯定了小郭谨慎的出发点，让他感受到被理解。接着，通过提醒机会成本，让小郭意识到过于谨慎也可能带来不良后果，促使其重新思考自己的态度。这种方式既没有否定小郭的谨慎，又能引导他更加全面地看待问题，有助于推动讨论的进行。

二、肯定谨慎的价值，鼓励尝试

在公司里，你和同事阿瑾正讨论着一个新项目的推广策略。阿瑾是个非常谨慎的人，对于任何新的想法和尝试，他总是持保留态度。

"我觉得我们不应该冒险尝试这个新策略，它可能会给我们带来不必要的风险。"阿瑾担忧地说。

你心里明白，创新和尝试是推动项目成功的关键，但阿瑾的过于谨慎可能会阻碍项目的进展。你试图说服他——

错误反驳：阿瑾，你总是这么胆小，我们怎么能有突破呢？有时候就是要大胆一点，不然我们永远停滞不前！

阿瑾听了，脸色一沉："我怎么就胆小了？我这是谨慎，你懂不懂？你这样冒险，出了问题谁负责？"

错误原因：这种直接质疑对方性格和能力的反驳方式，没有考虑到阿瑾的感受，反而可能让他觉得自己的谨慎被误解为胆小。此外，你没有提供具体的论据或建议，只是一味地否定他的观点，这可能会让阿瑾感到被轻视，不愿意进一步讨论和合作。

面对阿瑾这样过于谨慎的同事，正确的做法是肯定谨慎的价值，同时鼓励尝试。

正确反驳：我非常欣赏你谨慎的态度，这让我们少走很多弯路。不过，有时候小步尝试新事物也能带来意想不到的收获，不妨做一个小试验，看看结果如何？

正确原因：首先，你通过肯定阿瑾的谨慎态度，表现出了对他的尊重和认可，这有助于缓和气氛，让阿瑾感到被理解和支持。接着，你提出了小步尝试的建议，这种方式既能让阿瑾感到安全，又能鼓励他尝试新的可能性。通过这样的方式，你不仅能够有效地引导阿瑾思考问题的不同方面，还能够以积极的态度促进团队的创新和合作。

三、强调在实践中的学习

一次，三个朋友相约外出野营，阿兴拿着地图，分析了各种可能的风险，制订了一个又一个的应对方案。

看他这样，你有些不耐烦。

错误反驳：阿兴，你别太纠结了，出去野营而已，搞得跟军事行动一样。

阿兴回怼道："你这是不负责任！万一出现意外怎么办？"

你当时被怼得哑口无言。

错误原因：你没有站在阿兴的角度考虑，没有理解他对安全的重视，只是简单粗暴地否定了他的谨慎。这样的反驳不仅没能解决问题，反而激化了矛盾。

其实，你可以向阿兴强调，在实践中学习的重要性。

正确反驳：阿兴，你的谨慎是值得我们学习的。但是，总是停留在纸上谈兵，我们可能永远都无法真正成长。所以，让我们一起出发，边做边学习如何在实践中保障安全，如何更好地享受野营的乐趣吧！

正确原因：首先，肯定了阿兴的谨慎态度，让他感受到被尊重和理解。其次，指出一直停留在计划阶段而不行动的局限性，让阿兴认识到实践的重要性。接着，提出在实践中学习如何保障安全和享受野营乐趣，为阿兴提供了一个新的思考角度，把他对风险的担忧转化为在实践中积极应对和学习的动力。这样的回应既没有忽视风险，又鼓励了行动，有助于推动大家一起积极参与野营活动。

小结

过于谨慎者的心理动机

谨慎的人总是过度担心风险，他们可能怕失败、怕失去，或因曾经的阴影而心有余悸。或许，他们只是想追求完美，确保一切尽在掌控中，绝不冒险。

如何应对过于谨慎的人

❶ 理解其积极的一面，但不忘提醒错过的成本可能更高，让谨慎者看到行动的必要性。

❷ 先肯定谨慎的价值，再用小步尝试的方式鼓励创新，让谨慎者在安全中尝试新事物。

❸ 尊重其态度，但强调实践的重要性，鼓励边做边学，在行动中成长。

---

04 面对爱发牢骚的人，多多寻找阳光面

生活中总有人爱发牢骚，这是不是让你感到很无奈？听着烦，不理又怕伤感情。其实，懂得了他们的心理动机，就能巧妙应对，让你不再被牢骚困

扰，还能改善关系。想知道怎么做吗？那就赶紧往下看吧！

一、找找阳光面，坏事也能变好事

在公司里，有个同事叫阿发，他特别爱发牢骚。有一次，公司安排了一个紧急项目，大家都忙得不可开交。阿发又开始抱怨了："这破项目，时间这么紧，根本不可能完成，领导就是瞎安排！"

你是这个项目小组的负责人，听了阿发的抱怨，你大声说——

错误反驳：你别在这瞎嚷嚷，有这工夫还不如赶紧干活儿！

阿发听了，更加恼火："我抱怨几句怎么了？你不过一个小组长，就拿着鸡毛当令箭了！"

错误原因：你直接否定了阿发的感受，没有给予他情绪上的认同，反而显得你在压制他的发言权。这种尖锐的指责容易引发对抗，而不是解决问题，导致阿发感到被轻视和不被理解，进而加剧了他的负面情绪。

喜欢发牢骚的人或许觉得通过发牢骚能减轻压力，获得共鸣，甚至希望以此促使环境改变。然而，过度发牢骚可能反映了消极的生活态度或缺乏解决问题的能力。这种行为有时旨在获得情感上的支持和认同。

因此，面对阿发这样的牢骚，你可以化消极为积极，这样来说——

正确反驳：阿发，我知道这项目时间紧、任务重，大家压力都大。但你想想，这也是我们展现能力的好机会呀，要是能顺利完成，领导还能高看我们一眼呢！

正确原因：首先表达了对他的理解和认同，这让他感到被尊重和接纳。接着，从积极的角度出发，引导他看到紧急项目背后潜在的机会和好处。通过指出项目完成后可能带来的个人成就感，不仅有望帮助他转换思维方式，还能激发他的工作积极性。这种方法既能平息阿发的负面情绪，又有效地促进了团队的和谐与合作。

二、感同身受，给出实质性建议

朋友小刘最近总是爱发牢骚，这不，昨天你与他一起吃饭的时候，他又对你的耳朵实施牢骚"大轰炸"了。

小刘皱着眉头跟你说："这工作真是没法干了，天天加班还不给加班费，老板简直就是吸血鬼！"

你一听，有些不耐烦，没好气地回了一句——

错误反驳：你就知道抱怨，有这工夫不如多想想怎么提高工作效率！

小刘听了，脸一下子涨得通红，大声回怼你："你懂什么？站着说话不腰疼！"

错误原因：你的这种简单粗暴的反驳，没有站在小刘的角度去理解他的感受，只是一味地指责他，让他觉得你不体谅他的辛苦，从而更加生气。而且这种反驳没有给出任何实质性的建议，显得很空洞。

面对小刘这样的牢骚，其实你可以与他共情，换一种方式来回应。

正确反驳：小刘，我理解你工作上的压力，天天加班确实挺辛苦的。如果你觉得加班费不合理，可以考虑和老板沟通，提出你的诉求。

正确原因：先表达了对小刘心情的理解，让他感受到你的感同身受，降低了他的抵触情绪。然后提出了具体的解决方向，不是单纯的指责，而是给出了可行的建议，让他觉得你是在真心帮他想办法，而不是在敷衍他。这样的反驳既照顾了他的情绪，又提供了有用的思路，能让他更容易接受，也有助于解决问题。

三、引导对方，换个思路看看

在一个轻松的周末午后，你和闺密坐在咖啡馆里，享受着难得的闲暇时光。她最近总是抱怨她的男朋友不够体贴，每次提起这个话题，她就会滔滔不绝地说个不停。这不，她又开始发牢骚了："你知道吗？他昨天又忘了我的生日，我真的不知道该怎么办了。"

你一听，心里有些不悦，毕竟你已经听过这个话题很多次了，不耐烦地回了一句——

错误反驳：你能不能别老是抱怨啊？他也不是故意的，你就不能宽容一点吗？

闺密一听，脸色一沉："你这是什么意思？胳膊肘往外拐啊！你怎么断定他不是故意的？"

错误原因：你的错误反驳没有站在闺密的角度去理解她的感受，反而显得有些指责和不耐烦。这种回应方式很容易让对方感到被忽视和不被理解，从而加剧了她的不满和抱怨。在处理人际关系时，尤其是面对朋友的抱怨时，理解和共鸣是非常重要的，而直接的指责和反驳往往会适得其反。

面对这样的情况，运用"引导"的方式，让对方从不同角度看问题，是一种更为智慧的应对方式。

正确反驳：哎，听起来确实有点失落呢。不过，你可以试着换个角度来看，也许他是为你们的未来努力工作忙忘了。你可以找个机会和他好好沟通一下，看看是不是有什么误会或特殊情况。不要因为一次小误会就影响了感情哦。

正确原因：这样的回应以理解和共鸣为基础，首先表达了对闺密感受的认同，然后引导她从另一个角度看待问题，提出了积极的解决方案。这种方式不仅有助于缓解闺密的不满情绪，还能促进她主动与男朋友进行沟通，从而可能更好地解决问题。同时，这种回应也体现了你的关心和支持，有助于增强你们之间的友谊。

爱发牢骚者的心理动机

爱发牢骚的人可能觉得这样能减压、求共鸣，甚至改变环境。但太多牢骚就会显得生活态度太消极，又或许是解决问题能力欠佳，只想求点情感支持。

如何应对爱发牢骚的人

❶ 把牢骚转化为积极能量，坏事也能变好事，让爱抱怨的人看到问题背后的机遇，换个角度看世界！

❷ 倾听抱怨者的心声，与他们共情，给予实质性建议，让牢骚者感到被理解与支持，携手共渡难关！

❸ 带领牢骚者跳出固有思维，换个视角解读问题，发现新的可能，让负面情绪烟消云散！

05 面对过于热情的人，礼貌但坚定地说出真实需求

在这个充满活力的世界里，有些人热情似火，让你感到温暖，但也可能让你有些招架不住。面对过于热情的人，你是否曾陷入过"接受还是拒绝"的两难境地？一方面不想伤害对方的好意，另一方面又渴望拥有自己的空间……

一、礼貌但坚定地表达个人空间需求

一个周末的午后，你正在家里安静地看书，享受着难得的独处时光。这时，朋友小葛突然不请自来，一进门就热情地邀约你出去逛逛并要请你吃饭，还把你手上的书夺过扔到沙发上。

你想待在家里看书，不愿意出门，于是不耐烦地回应——

错误反驳：别烦我，我就想自己待着，你能不能别这么自作主张！

小葛听了这话，立马生气地回怼："我这是好心带你出去放松，你怎么这么不知好歹！"

错误原因：你的这种反驳方式太过生硬和粗暴，完全没有考虑到小葛的热情是出于对朋友的关心，只是一味地表达自己的不满，没有照顾到小葛的感受，很容易伤害到你们之间的友谊。

过于热情的人可能出于多种心理动机：渴望建立深厚的人际关系，寻求认同与归属感；或希望通过热情表现获得他人的好感和信任，以提升自我价值感。他们的行为往往源于内在对于社交和情感联系的强烈需求。

因此，为了更妥善地处理这种情况，你应该采取更合适的方式来表达自己的需求。

正确反驳：小葛呀，你对我这样热情，说明你心里有我这个朋友。但我今天真的就想在家安安静静看会儿书，给自己充充电。你也知道，我有时候就想一个人待会儿，这样能让我恢复元气，下次咱们再一起出去疯玩，保证玩得更痛快！

正确原因：这样的反驳首先表达了对小葛热情的理解和感激，让小葛知道你明白他的好意。然后清晰地说明了自己当下想要独处的需求，并且给出了一个未来一起出去玩的期待，既坚定地维护了自己的个人空间，又不会让小葛觉得被拒绝而感到失落。

二、提出替代性建议

在办公室的一角，你和同事小于共事多年，小于是个热情洋溢的人，但有时候他的热情过头了，让人感到有些吃不消。今天，你们部门正在讨论即将到来的公司年会的筹备工作。

"我觉得我们应该在年会上搞个大型抽奖活动，奖品要丰厚，这样才能调动大家的积极性！"小于激动地出谋划策。

作为部门负责人，你心里明白，公司今年的预算有限，而且大型抽奖可能会让年会变得过于商业化。你提出了自己的看法——

错误反驳：小于，你这想法太不切实际了，公司哪有这么多预算给你挥霍？别总想着搞大新闻，实际点行不行？

小于听了，脸色一变："我怎么就不实际了？调动大家积极性难道不重要吗？你这态度，那我以后都闭嘴好了！"

错误原因：这种直接否定并带有讽刺的反驳，不仅没有考虑到小于的感受，还可能让他觉得自己的热情和努力被轻视了。此外，你没有提出具体的方案，只是一味地反对，这让小于感到你在阻碍创新。

面对这样的情况，你可以提出替代性建议，同时肯定对方的初衷。

正确反驳：小于，你的热情真是让人佩服，调动大家的积极性当然重要。不过，我们得考虑预算的实际情况。我建议我们可以搞个小型的团队竞赛，获胜的队伍可以获得小礼品。这样既能节省成本，让大家开心，又能体现团队精神，你觉得怎么样？

正确原因：首先，你肯定了小于的热情和调动积极性的初衷，这让他感到被尊重。接着，你提出了一个替代性的建议，即通过团队竞赛来代替大型抽奖，这样既节省了成本，又能让员工感到参与感和乐趣。最后，你提出了小礼品的想法，让整个建议显得更加轻松和吸引人。

通过这样的方式，你不仅能够有效地引导小于思考更加实际和可行的方案，还能够维护团队的和谐氛围。

三、使用幽默的方式拒绝

在一个周末，你到表哥家玩。然而，表哥的热情似乎有些过头，他一直不停地给你安排各种活动，从白天的旅游到晚上的卡拉 OK 大赛，安排得满满当当。你一看这日程，心想这哪是放松，简直是军训啊。

错误反驳： 表哥，你这是要把我累死吗？这么密集的活动安排，谁受得了啊！

表哥一听，脸色一沉："我只是想让你玩得开心，你这么说好像是我故意要让你受累似的，唉，真是狗咬吕洞宾啊！"

错误原因： 直接抱怨活动太多会让自己很累，这种表达方式过于直接，会让表哥感到热脸贴了冷屁股，从而产生冲突。这种方式没有考虑到表哥希望你玩得开心的好意，缺乏沟通技巧，不利于维护和谐关系。

面对过于热情的表哥，你可以使用幽默的方式拒绝，既不伤害他的热情，又能让活动安排更加合理。

正确反驳： 表哥，你的热情真是像太阳一样炙热，我都快被融化了！不过我来你家玩就是想偷个懒，好好放松一下。要不我们精简一下活动，留点时间一起喝喝茶，聊聊天，享受一下宁静的时光，怎么样？这样既不会太累，又能更深入地交流感情。

正确原因： 这样的反驳方式以幽默的语言肯定了表哥的热情，同时以轻松的态度提出了自己的需求，既不会让表哥感到尴尬或被冒犯，又能有效地传达出希望调整活动安排的意愿。提议喝茶聊天，不仅体现了对表哥的亲情，也为双方提供了一个更亲密、轻松的交流机会，有助于增进感情，达到了既维护关系又解决问题的双重效果。

过于热情者的心理动机

热情满满的人，心里可能想和你做"老铁"，找到"家"的感觉，或想用热情拉近距离，让自己更自信。总之，他们超级想和你"套近乎"！

如何应对过于热情的人

❶ 礼貌但坚定地表达需求，以柔克刚，先扬后抑，让热情者感到被尊重的同时，也明确你的个人空间需求。

❷ 换个思路，提出新点子，既满足热情者的创新欲望，又符合实际情况，皆大欢喜。

❸ 笑点中夹杂着拒绝，让热情者在笑声中接受你的意见。

06 面对好心的人，学会温柔转折

面对好心的人，我们常常陷入两难：接受他们的好意，却违背了自己的意愿；拒绝他们的帮助，又怕伤害了他们的感情。这种微妙的情感平衡，就像是在钢丝上跳舞，一不小心就会摔个大跟头。下面带你探索如何在感激与自我坚持间找到那个完美的平衡点。

一、温柔转折，提出不同看法

在一次家庭聚会中，你和堂妹等人围坐在餐桌旁。堂妹是个热心肠，总是想尽自己所能去帮助别人，但有时候她的好心却让人感到有些尴尬。

这次，堂妹看着你，一脸认真地说："姐，我听说你最近在减肥，我特意为你准备了一份低热量的食谱，你一定要试试。"说着不等你同意就好心地将食谱发到你微信上。

你最近确实是在减肥，但是堂妹提供的食谱看起来实在让人提不起食欲。于是你脱口而出——

错误反驳：你这食谱也太清淡了，我可不想天天吃这些，你是想折磨我吗？

堂妹听了，脸色一变："我怎么折磨你了？我这是关心你，你怎么就不理解呢？"

错误原因：这种直接否定并带有抱怨的反驳，不仅没有考虑到堂妹的好意，还可能让她觉得自己的关心被误解了。此外，你没有用更温和的方式来表达自己的感受，这让她感到被冒犯。

好心的人往往出于强烈的内在需求和渴望，希望通过无私的帮助和关怀来获得他人的认可与喜爱，同时提升自己内心的满足感和自我价值。他们的行为体现了对人际关系的重视和对社会和谐的追求，但有时又会失去分寸，让人哭笑不得。

因此，面对他人的好心时，正确的做法是温柔地接受，同时提出自己的看法。

正确反驳：你真是太贴心了，这份食谱一看就很用心。不过，我有自己的减肥计划，就不麻烦你操心了。

正确原因：首先，你用温柔的语气表达了对堂妹好意的感激，这让她感到被尊重。接着，你一个转折，表达了自己已有减肥计划，避免了直接拒绝她的好意。这样既能够照顾到堂妹的关心，又能够让你自己感到舒适。

二、以问题引导对话

在公司的一次项目讨论会上，你提出了一个新的方案。同事郝力好心地提醒你："我觉得这个方案可能在执行上会有难度，成本也不低，你要不要再考虑考虑？"

错误反驳：你懂什么？别在这瞎操心，我自己心里有数！

郝力听了，脸一沉，生气地说："我好心提醒你，你还不领情，有你吃亏的时候！"

错误原因：你的反驳充满了攻击性和不屑，完全否定了郝力的好意，没有给予他应有的尊重。这种态度不仅会伤害郝力的感情，还可能破坏你们之间的同事关系，让以后的工作交流变得困难。

为了更好地应对郝力的好心提醒，你可以用问题引导话题。

正确反驳：郝力呀，你说有难度和成本高，那你觉得具体难在哪里？成本高又高在哪些方面呢？

正确原因：这样的反驳首先没有直接否定郝力，而是以询问的方式引导他进一步阐述自己的观点。这种方式显示了你对他意见的重视，让他感受到了尊重。同时，通过提问，能够让你们更深入地探讨方案，也许能发现一些你之前没有考虑到的问题，从而完善方案。而且，这种方式还能保持良好的交流氛围，促进你们之间的合作，共同为项目的成功努力。

三、表达感激并解释立场

有一天，你打算换个新发型，于是去了一家时尚的发廊。在朋友圈里，你分享了自己的新发型照片，朋友们纷纷留言评价。小琴看到你的新发型后，热心地给你发来了一堆建议，比如应该如何修剪、怎样搭配发色，等等。

错误反驳：你懂什么啊？这是我特意去发廊设计的，你那些建议早就过时了！

小琴听后有些恼火："我只是好意提个建议，你这是什么态度啊？"

错误原因：你没有对小琴的热心建议表示感激，反而直接否定了她，这让她感到受挫。在交流中，即使对方的建议可能不符合你的预期，也应该先表示感谢再解释自己的立场。

正确反驳：哈哈，非常感谢你的建议！看来你真的很有眼光嘛。不过，生米已经煮成熟饭，这次就这样了。你的建议嘛，下次我会考虑的！

正确原因：这样的回应既表达了对小琴热心建议的感激，又幽默地表达了自己的选择形成的后果。同时，你还表达了对小琴建议的认可和将来可能采纳的意愿，这样既不会伤害朋友的感情，又能坚持自己的选择。而且，通过幽默的方式回应，还能增进彼此之间的友谊。

小结

好心者的心理动机

好心的人，心里总想着帮助别人，希望得到大家的喜欢和认可，这样自己也会感觉更棒，然而一旦好心过头，又会让人不适！

如何应对好心的人

❶ 以柔克刚，感激中巧妙转折，既保全了好心人的面子，又能坚守自己的立场，才是高明的应答！

❷ 巧妙提问，化被动为主动，不仅尊重了好心人的意见，还能深挖问题，让对话更加有深度。

❸ 先感谢再解释，让好心人感受到温暖，同时也明确表达了自己的想法，两全其美！

07 面对自怨自艾的人，帮他设立小目标

生活中常会遇到自怨自艾的人，那股消极劲儿让人无奈又头疼。明明想帮忙，却不知咋开口，说错话还火上浇油。别愁！往下看，教你几招巧妙应对法，让你在面对自怨自艾者时不再手足无措，助其走出阴霾。

一、设立小目标，果断行动

在办公室里，同事小艾因为工作上的一个小失误被领导狠狠地批评了一顿。小艾坐在自己的工位上，十分沮丧，开始自怨自艾起来。

"我怎么这么没用啊，这点小事都做不好，我真是个失败者。"小艾垂头丧气地说。

错误反驳：这有啥啊，领导批评一下很正常，别这么矫情。

小艾听了，更加恼火："你懂什么呀？你又没被领导这么批评过，站着说话不腰疼。"

错误原因：你的反驳完全没有考虑到小艾的感受，显得很冷漠。小艾在这个时候需要的是理解和支持，而你的话让她觉得自己的痛苦不被重视，甚至被认为是矫情，这无疑会让她更加生气和难过。

自怨自艾的人心理动机可能是对自己要求过高，遭遇挫折后产生强烈的自我否定。也可能源于缺乏自信，对未来感到迷茫和恐惧。还可能是渴望他人的关注和安慰，通过自怨自艾来引起他人的同情和支持。

因此，面对小艾的自怨自艾，正确的做法是劝其设立小目标，果断行动。

正确反驳：小艾，别这么垂头丧气的嘛。领导批评，说明你还有进步的空间呀。你先定个小目标，今天就把这个任务完美完成，日积月累，就会让

领导刮目相看了！

正确原因：首先，你用积极的态度看待领导的批评，让小艾明白这不是一件完全糟糕的事情，而是成长的机会。然后，提出设立小目标，给小艾一个具体的行动方向，让她不再沉浸在自怨自艾中。这个小目标既不会太难，让小艾望而却步，又具有一定的挑战性，能够激发她的斗志。通过这种方式，小艾会感到有人在支持她、鼓励她，从而有动力去行动起来，走出自怨自艾的状态。

二、共情与理解，缓解负面情绪

阿袁最近失恋了，女朋友跟他提出了分手。这天，你和阿袁在小酒馆碰面，他一脸沮丧，开始自怨自艾起来。

"我真是太差劲了，她才会离开我。我什么都做不好，这辈子估计都找不到真爱了。"阿袁唉声叹气地说。

错误反驳：你别这么想啊，分了就分了呗，有啥大不了的，再找一个不就好了。

阿袁听了，更加恼火："你说得轻松，你根本不懂我的感受！我那么爱她，怎么能说分就分。"

错误原因：你的反驳太过轻描淡写，没有真正理解阿袁此时的痛苦。对于刚失恋的人来说，感情的破裂是一件非常沉重的事情，而你的话让阿袁觉得自己的痛苦被忽视了，他的感受没有得到应有的尊重，所以会更加生气。

面对阿袁的自怨自艾，正确的做法是学会共情与理解。

正确反驳：阿袁，我知道你现在心里肯定特别难受，毕竟真心爱过，突然分开谁都不好受。但你也别把所有错都往自己身上揽呀，感情的事有时候就是很复杂。说不定下一个更好呢，咱先缓一缓，等心情好了，再去迎接新的缘分。

正确原因：首先，你表达了对阿袁感受的理解，让他知道你是懂他的痛苦的。接着，你指出感情的复杂性，让阿袁明白分手不一定全是他的错，缓解了他的自责情绪。最后，你用积极的话语给他希望，让他不至于一直沉浸在痛苦中。这样的回应既体现了你的关心和支持，又能帮助阿袁慢慢走出失恋的阴影，重新振作起来。

三、强调积极面，增强信心

在温馨的家庭聚会上，你和表妹小芳坐在客厅里聊天。小芳最近在找工作，但几个月来参加了许多次面试，都没有结果。

她开始自怨自艾起来："我真没用啊，每次面试都碰壁，我可能真的找不到工作了。"

你试图安慰她，却不小心说错了话。

错误反驳：哎呀，别这么垂头丧气的，找工作哪有那么容易，你就是太心急了。

小芳听了，情绪更加低落："我怎么能不心急呢？我都找了这么久了，还是没有一点希望，我肯定是不行了。"

错误原因：你的错误反驳没有真正理解小芳的焦虑和沮丧，只是简单地认为她心急，没有给予她足够的情感支持。这种回应方式可能让小芳觉得你在轻视她的困难，从而更加陷入自我否定之中。

面对表妹这样自怨自艾的情况，正确的做法是强调积极面，提供具体的鼓励和建议。

正确反驳：表妹，我知道你最近面试遇到了不少挫折，但每次面试都是一次学习的机会啊。你看你上次面试后，不是学会了怎么更好地介绍自己吗？而且，你的简历也越来越完善了。失败只是暂时的，重要的是从每次经历中学习和成长。我相信你一定能找到合适的工作！

正确原因：首先，你通过承认表妹的挫折，表现出了对她感受的理解和尊重。接着，你强调了每次面试都是一次学习和成长的机会，这样的积极面强调有助于提升表妹的自信心。然后，你提到了表妹在面试过程中的具体进步，如学会更好地介绍自己和完善简历，这些具体的例子能够增强她的信心。通过这样的方式，你不仅有效地安慰了表妹，还能够引导她以积极的态度面对挑战，增强她克服困难的勇气和信心。

> ### 小结
>
> **自怨自艾者的心理动机**
>
> 自怨自艾的人，或许是对自己要求高，受挫就自我否定；也可能是缺乏自信而迷茫；还可能是想求得关注，以这种方式博得同情与支持。
>
> **如何应对自怨自艾的人**
>
> ❶ 给自怨自艾者设定小目标，让他们行动起来，看到成长机会，重拾信心和斗志。
>
> ❷ 懂自怨自艾者的痛，给予理解与支持，帮助他们走出阴影，重新振作迎接新未来。
>
> ❸ 引导其正视挫折，强调积极面，增强信心，面对挑战有勇气。

yes

no

PART4 反驳，有时是为了表达自我立场

    反驳，不仅是言语的交锋，也是立场的宣言。在应对不合理要求时，以共情反转守护权益；面对自以为是，挖掘内心"小九九"，引导理性回归；在条件博弈中，设定底线，彰显决心与智慧……每一次反驳，都是自我立场的坚定表达，让沟通更加清晰有力。

01　面对提不合理要求的人，守住底线另辟蹊径

在生活和工作中，我们难免会遇到一些人提出不合理要求，这些要求可能让我们感到无奈、愤怒甚至绝望。如何应对这些不合理的要求，才能既保护自己的权益，又不会伤害到他人的感情呢？

一、在共情反转中，化解不合理要求

一个周末的午后，你和妻子因为一点小事发生争吵，情绪逐渐升温，直到她气得开始收拾东西，还大声宣布："这个家，我再也待不下去了，我要永远离开这里！"

你一听，心中的火苗也跟着蹿了起来，脱口而出——

错误反驳：走就走，谁怕谁！你走了正好，我清净！

此话一出，妻子收拾的动作更快了，眼神里除了愤怒，更多的是失望。

错误原因：妻子因为一次吵架就要离家出走，其言行是不合理的，冲动的，这时你又直接对抗，完全没有考虑到对方的感受。人在愤怒时，往往更需要的是理解与安慰。你这种硬碰硬的方式只会让对方觉得被排斥和不被重视，进一步加深了情感的裂痕。

那些提不合理要求的人，可能是为寻求关注与控制感，期望通过提出超出常规的要求来获得他人特别的关注或服从；可能过分强调个人需求，忽视他人的感受与权益；可能内心深处感到不足，试图通过外在的强求来弥补内心的缺失或证明自己。

其实，你可以深吸一口气，缓缓站起来，也开始收拾东西，同时宣布说——

正确反驳：正好，这个家我也待不下去了，我跟你一起走！

正确原因：这种回应方式打破了常规的对抗模式，以幽默且温情的方式应对妻子的冲动。表示愿意一同离开，既展现了对妻子的陪伴，又让她感受到被理解和接纳。通过这种共情的表达，缓解了紧张气氛，为双方情绪找到了出口，也为后续的沟通搭建了桥梁，避免了矛盾进一步升级。

二、携手共进，强调共同利益和目标

在公司的一次团队会议上，你提出了一个创新的项目提案，希望能够得到大家的支持。然而，老李却说："我觉得你应该把项目预算的一半用于市场调研，毕竟我们得确保项目的市场接受度。"

你心中一惊，认为老李的要求显然会打乱整个预算计划，对项目的实施产生负面影响。于是你出口反驳——

错误反驳：你怎么能这么说？市场调研的费用已经规划好了，你这样突然要求增加预算，会打乱整个计划！你这样做是不负责任的！

老李听后动怒了："不负责任？这么一顶大帽子随便往我脑门上扣，你就负责了？"

错误原因：你的反驳过于直接和尖锐，没有充分考虑到老李的感受和立场，容易引发对方的反感和抵触。同时，你没有从共同利益和目标的角度出发，只是单纯地强调了自己的困难和不满。

为了更有效地应对老李的不合理要求，你可以尝试从共同利益和目标的角度进行反驳。

正确反驳：我完全理解你对市场调研的重视，毕竟我们都希望这个项目能够成功。不过，关于市场调研的预算，已经进行了合理规划。突然增加预算可能会对整个项目的进展产生不利影响。如果你对这个项目有任何具体建议，非常欢迎，这有助于我们共同推进项目的成功。

正确原因：这样的反驳方式既表达了对老李观点的尊重和理解，又明确指出了增加预算可能带来的负面影响。更重要的是，你强调了团队的共同利益和目标，让老李意识到你们是一个整体，需要共同为项目的成功努力。同时，你也表达了愿意接受老李的具体建议，这体现了你的开放性和合作精神。

三、另辟蹊径，提出替代方案

在办公室中，你配合何主管一起负责一个重要项目。项目截止日期临近，压力逐渐增大。这天，何主管突然向你提出一个不合理的要求："我觉得应该把已经完成的部分推倒重来，我有了一个更好的想法，足够创新。"

你听后感到震惊和不解，因为这个项目已经进行了大半，而且之前的方案也是经过多次讨论和修改才确定的。

错误反驳：何主管，你疯了吗？现在重新开始，怎么可能在截止日期前完成？之前的努力不都白费了吗？

何主管听了很是恼火："你说我疯了，你到底想不想干了？"

错误原因：你的反驳过于直接和生硬，没有考虑到何主管的感受和想法，只是单纯地否定了对方的提议。这样做很容易引起对方的反感和抵触，导致沟通陷入僵局。

为了更有效地应对何主管的不合理要求，你可以尝试提出替代方案。

正确反驳：我理解您对项目创新的追求，我们都希望这个项目能够达到最好的效果。但是，重新启动项目会带来很大的风险和不确定性，可能会影响我们按时完成项目计划。我觉得我们可以在现有的基础上进行优化，增加您的一些创新元素，这样既能满足您的创新需求，又能确保项目的顺利进行。您觉得呢？

正确原因：既表达了对对方想法的理解，又提出了一个合理的替代方案。你没有直接否定对方的提议，而是结合项目的实际情况，提出了一个既能满足创新需求又能保证项目进度的方案。这样的回应更容易获得对方的理解和支持，有助于推动项目的顺利进行。

小结

提不合理要求者的心理动机

总想着吸引目光、掌控全场，把个人需求放在第一，却不懂换位思考。其实内心有点小自卑，才想用特别举动，证明自己并不弱。

如何应对提不合理要求的人

❶ 以柔克刚，用温暖化解冰冷，让冲动的心在共情的海洋中找到依靠。

❷ 携手共进，以团队的荣誉为航标作引领，共同驶向成功的彼岸。

❸ 另辟蹊径，巧妙化解难题，让创新的火花在妥协与坚持中绽放。

02　面对自以为是的人，挖出他心里的"小九九"

你是否遇到过这样一些人，他们自以为是，总是固持自己的观点，仿佛世界只有他们是对的。这不仅让你感到无奈，甚至有时还会引发冲突和尴尬。那么，如何巧妙应对这些自以为是的人呢？

一、多问几个"为什么"，挖出对方心里的"小九九"

你有个姑妈，她总是自以为是，觉得自己无所不知。这天，她又在家族聚会上大谈特谈她的"独到见解"。她坚持认为某种新型的健康饮食方法可以治愈多种疾病。

你听了之后，觉得实在荒谬，于是决定反驳她，你直接指出——

错误反驳：你说的这个饮食方法根本不科学，没有任何科学依据能证明它可以治病。

结果，姑妈听了之后立刻火冒三丈，回怼道："你怎么知道不科学？你研究过吗？没看人家专家都这么说吗？"

错误原因：错误反驳的原因在于方式过于直接和绝对。没有考虑到姑妈自以为是的性格特点，简单否定她的观点，让她觉得被轻视，没有给她解释和申辩的机会，从而引发了她强烈的抵触情绪，导致场面尴尬。

自以为是的人往往出于对自我价值的确认和对控制感的追求，他们可能内心深处缺乏安全感，需要通过坚持己见来获得认同和肯定，以此来增强自信和自我重要感。同时，这也可能是他们对环境变化的一种适应策略，试图通过主导对话来减少不确定性。

因此，你可以多问几个"为什么"，挖出对方心里的"小九九"，引其反思——

正确反驳：姑妈，你说的这个饮食方法挺有意思的。不过，你知道吗，科学是需要证据支持的。如果这个方法真的有那么神奇，那应该会有很多科学研究来证实它的有效性吧？你有没有看到过相关的科学研究报告或者数据呢？拿出来分享一下嘛，我也想学习学习。

正确原因：这样的反驳既不失风度，又能有效地提出问题，引导对方去思考自己的观点是否站得住脚。姑妈可能会意识到，自己在没有充分了解的情况下就下结论是多么草率，而你也能通过共同查找资料，帮助她建立起科学的思维方式。这样一来，不仅能够有效避免冲突，还能促进彼此之间的交流和了解。

二、分享你的观点，换个角度破坚冰

这天，团队讨论一个新项目的推广策略。阿紫滔滔不绝地讲述自己的推广计划，认为只有大规模的广告投放才是最有效的手段。

你听后觉得广告虽重要，但社交媒体和口碑营销同样不可忽视，于是你直接反驳——

错误反驳：阿紫，你只想着广告，但现在社交媒体的影响力也很大啊。

阿紫却冷笑一声："社交媒体？那都是小孩子玩的东西，影响力大，翻车的概率也大！"

你感到一阵尴尬，意识到自己的反驳方式可能有些问题。

错误原因：直接反驳阿紫的观点，没有先给予肯定，让她感到自己的意见被轻视，从而产生抵触情绪。缺乏有力的论据支持自己的观点，也未提出具体的改进方案，使得反驳显得单薄且缺乏说服力。

因此，面对自以为是的人，你可以先肯定他们，再提出自己的观点——

正确反驳：阿紫，你的广告策略确实很有力度。不过，我注意到最近很多成功案例都结合了社交媒体营销。比如 ×× 品牌就是通过社交媒体迅速走红。我觉得，我们可以将两者结合起来，既利用广告扩大知名度，又通过社交媒体增强与消费者的互动。这样不是更完美吗？

正确原因：首先，你肯定了阿紫的策略，让其感到被尊重和理解。接着，你通过引用具体的成功案例来支持自己的观点，使得你的建议更具说服力。最后，你提出了一个结合两者优势的方案，显示了你对问题的全面考虑和解决能力。

三、设定共同目标，一起朝着它努力

最近，你与小乙打算一起参加一个创业比赛，小乙提出了一个他认为绝佳的创业点子，并打算以此为基础来准备比赛。

你听了他的想法后，虽然觉得有些亮点，但也看到了不少潜在的问题和风险。你直接指出——

错误反驳：小乙，我觉得你这个点子不切实际，市场上已经有很多类似的产品了，我们很难脱颖而出的！

小乙却立刻反驳道："你懂什么！我这个点子是最新的，市场上根本没有竞争对手！你别在这儿瞎搅和。"

错误原因：你的反驳方式过于直接，没有充分考虑到小乙的感受，导致他产生了抵触情绪。而且，你只指出了问题，却没有给出具体的解决方案或建议，这让小乙觉得你只是在否定他，而没有提供任何实质性的帮助。

那么，如何更有效地表达自己的观点，并与小乙携手共进呢？你可以这么说——

正确反驳：小乙，你的点子确实很有创意，我很佩服你的想象力。不过，我也注意到市场上已经有一些类似的产品了。我觉得，我们可以一起探讨如何在这个基础上进行创新，打造出真正独一无二的产品。毕竟，我们的目标是赢得比赛，对吧？一起努力，肯定能找到更好的解决方案！

正确原因：首先，你肯定了小乙的点子和创意，这让他感到被尊重和理解。接着，你提出了市场上存在类似产品的问题，但并没有停留在问题上，而是提出了共同寻找解决方案的建议。最后，你强调了你们共同的目标——赢得比赛，这让小乙意识到只有携手合作，才能实现这个目标。这样不仅能有效解决问题，还能促进彼此之间的友谊和合作。

小结

自以为是者的心理动机

自以为是的人，可能是内心小剧场的导演，总想着掌控剧情，以自我为中心，渴望掌声和肯定，来填补那份不安的空洞。

> **如何应对自以为是的人**
>
> ❶ 用提问代替直接反驳，引导对方自我反思，悄然改变对方的固执己见。
>
> ❷ 以柔克刚，先肯定再建议，让对方在温暖的肯定中，更愿意聆听不同的声音。
>
> ❸ 将批评转为合作，强调共同目标，让对方明白携手努力才能走得更远。

03 面对突然变卦的人，用幽默的方式表达不满

你是否遇到过那些突然变卦的人，对他们是不是感到既无奈又气愤？别急，下面带你一探究竟，教你如何巧妙应对那些"变卦达人"，让你的友谊和计划不再因他们的"心血来潮"而泡汤。

一、用幽默的方式表达不满

你和女朋友早就商量好了，这个周末一起去看新上映的大片，你兴冲冲地提前买好了电影票。可就在出发前，她却突然说："亲爱的，我突然不想去看电影了。"

你一听，心里那个郁闷劲儿别提了，于是脱口而出——

错误反驳：你怎么能这样呢？我票都买好了，你现在说不去，这让我怎么办？票又不能退，你真是会给我找事！

她一听这话，也来气了："我又不是故意给你找麻烦，只是突然没了心情。你就不能理解一下吗？"

错误原因：这样的反驳充满了指责，没有顾及对方的情绪和感受，很容

易引起争吵，让对方感到更加不满和抵触。

其实，你可以尝试用一种更幽默、更轻松的方式来表达你的不满。

正确反驳：嘿，宝贝，你这变得比天气预报还快呢！我们能不能定好了就别改啦，不然我这颗为你跳动的小心脏可受不了哦。电影票都买了，你确定要让我一个人孤独地坐在电影院里吗？

正确原因：这样的反驳用幽默的方式表达了你的不满，同时也表现出你对她情绪的理解和包容。你没有直接指责她，而是通过一种轻松的方式来化解紧张的气氛，让对方更容易接受你的观点。此外，通过提出一个有趣的假设（你一个人孤独地看电影），你让她意识到自己的决定可能会给你带来的影响，从而更有可能使她改变主意。这样的反驳能够有效地缓解尴尬的气氛，促进双方之间的沟通和理解。

二、强调丧失信任的代价

你一直有个创业的梦想，最近终于找到机会和阿昌准备合伙。一开始，你们兴致勃勃地讨论各种计划，确定了不少重要的事项。

然而，没过几天，阿昌就开始变卦了。原本商量好的要投资的金额，他突然说要减少。

"我觉得我们之前定的投资金额太高了，风险太大，我想减少一些。"阿昌有些不好意思地说。

错误反驳：你怎么这么不靠谱啊！说好了的事情怎么能随便改呢？

阿昌听了，也来了脾气："我这也是为了咱们好，谨慎一点不行吗？"

错误原因：你的反驳过于情绪化和带有指责性，没有考虑到阿昌变卦的原因，只是一味地指责他不靠谱。这样的回应让阿昌觉得自己的考虑没有被理解，反而被攻击，所以他会更加恼火地回怼。

突然变卦的人心理动机可能有多种。也许是他们过于优柔寡断，面对选择时容易动摇；或是对风险过度担忧，一有风吹草动就改变主意；也可能是缺乏责任感，只考虑自身利益而不顾及他人感受。

因此，面对阿昌这样经常变卦的人，正确的做法是强调丧失信任的代价。

正确反驳：阿昌啊，你总是变卦，让我怎么再相信你呢？每一次变卦都在消耗我们之间的信任，以后还怎么合作？咱们做生意讲的就是诚信和稳定，你这样变来变去，大家心里都没底啊。

正确原因：首先，用比较平和的语气指出阿昌变卦的问题，让他能够冷静地听进去。接着，强调信任的重要性，让阿昌明白变卦会对彼此的合作关系造成伤害。这样的反驳既表达了你的不满，又让阿昌能够反思自己的行为，从而有可能在以后的决策中更加慎重，不再轻易变卦。

三、提出后果警示，让对方有所顾忌

你和朋友阿华计划了一场期待已久的郊外徒步旅行。你已经提前准备好了背包、地图、食物和水，还认真研究了路线和地形。

然而，就在出发的前一天，阿华突然发来消息说："我想了想，还是不想去了。"

对于阿华的突然变卦，你恼火地回应——

错误反驳：你这是在逗我玩吗？我都准备好了，你突然说不去就不去？你这人怎么这样，一点信用都没有！

阿华听了，情绪立刻变得激动："我怎么就没信用了？我只是突然感觉不太想去了，你至于这么说我吗？"

错误原因：你这种直接的指责和质疑，不仅没有解决问题，反而激化了矛盾。你的反驳没有考虑到阿华可能面临的压力或变化，而是直接将责任归咎于他，这样的回应方式可能会让阿华感到被误解和不被尊重，从而加剧了

双方的冲突。

面对阿华突然变卦的情况，正确的做法是警示后果，同时保持理解和尊重。

正确反驳：阿华，我明白你有你的考虑，但你知道吗？我为这次旅行进行了充分的准备，而且我们已经预订了门票和车票，花去了大量时间、精力和金钱。更重要的是，我们这次旅行的目的是为了放松和增进友谊，如果你突然不去，我们可能就失去了这次宝贵的机会。

正确原因：首先，你表达了对阿华可能面临的困难的理解，这有助于缓解他的防御心理。接着，你提出了突然变卦可能带来的后果，包括时间、经济损失和错过旅行机会，这样的警示有助于阿华意识到他的决定对双方的影响。

小结

突然变卦者的心理动机

"变卦大王"们，内心戏可不少：或许优柔寡断难抉择，或是胆小怕事避风险，又或者自私自利不顾人。真是让人捉摸不透啊！

如何应对突然变卦的人

❶用轻松幽默的方式，巧妙传达自己的不满，既能化解尴尬，又能让对方意识到变卦的影响。

❷让对方明白，变卦会消磨掉彼此的信任，影响未来的合作。诚信和稳定才是长久之道。

❸警示对方变卦可能带来的损失，不仅仅是物质上的，更包括错过美好经历和增进关系的机会。

04 面对盲目跟风的人，
先聊聊长远的事

面对身边人的盲目跟风，你是否感到担忧？看着亲朋好友被潮流裹挟，冲动行事，你是否想劝说却无从下手？如何既表达关心，又不引起反感？下面带你探索高情商的劝说之道，让沟通更加顺畅有效。

一、聊聊长远的事，看看跟风到底划不划算

有一天，你到朋友阿芒家玩，他兴奋地向你介绍他最近的新爱好——炒鞋。

"你知道吗，现在这些限量版球鞋可火了，买到就是赚到！"阿芒眼睛里闪着光，仿佛已经看到了未来财富自由的美好景象。

你听了直摇头，感觉他在盲目跟风，于是你试图劝说他。

错误反驳：炒鞋？这不就是跟风吗？这种投机行为最后肯定会吃亏的，你别傻了！

阿芒立刻不高兴了："你怎么就知道我会吃亏？人家好多人都赚钱了，你这是小看人！"

错误原因：你的反驳过于直接和生硬，没有考虑到阿芒的感受，让他产生了抵触情绪。同时，你也没有给出具体的理由或案例来支持你的观点，只是空洞地说"肯定会吃亏"，缺乏说服力。

盲目跟风的人往往受到从众心理的影响，他们追求时尚潮流，想要与大众保持一致，以避免被孤立或被视为异类。同时，他们也可能希望通过模仿热门行为或趋势，来获得认同感，并展示自己与时俱进的态度。

因此，你可以将这件事拉远了看，让他看看盲目跟风的代价。

正确反驳：阿芒啊，你这炒鞋的劲头儿倒是挺足的。不过，你有没有想过，万一哪天市场风向变了，这些鞋子不再受欢迎了怎么办？毕竟时尚这东西，变得比翻书还快呢。再说，真正的财富积累可不是靠一时的投机，而是需要长远规划和持续努力的。你说呢？

正确原因：这次你采用了更为委婉和理性的劝说方式。首先，你通过提出"市场风向变了怎么办"的问题，引导阿芒思考跟风投机的风险。然后，你又强调了财富积累需要长远规划和持续努力的观点，让阿芒意识到跟风行为并不符合这一原则。你既表达了你的担忧，又给出了具体的建议，让阿芒更容易接受。

二、鼓励他们多想想，别光跟着别人跑

这天，表弟小穆突然给你打电话，说他最近对虚拟货币很感兴趣，自己买了一些，也赚了一些，准备再买一些，同时也劝你买。你觉得这个不靠谱，决定提醒一下他。

错误反驳：小穆，你这跟风投资，真的靠谱吗？别到时候钱都打了水漂。

小穆听了，很不高兴地说："你怎么知道不靠谱？现在大家都在买，难道大家都不靠谱？你不买拉倒，别挡我的财路！"

你一时语塞，感觉自己好像说错话了。回想起来，你的反驳方式确实有待改进。

错误原因：你直接质疑了小穆的决策，这很容易让他产生抵触情绪。人们通常都不喜欢别人质疑自己的选择，尤其是当这个选择被大众所追捧的时候。

其实，你可以换一种方式与他沟通，鼓励他多想想，别被人带到沟里了。

正确反驳：小穆，看你这么热衷虚拟货币，我都有点心动了。不过，投资这东西，还是得谨慎点。毕竟，咱们都不是专业的投资者，你说对吧？

万一出了什么问题，那可就麻烦了。所以，我觉得咱们在跟风之前，还是得先多想想，多了解一些相关信息，别光跟着别人跑。

正确原因：这次你采用了更为委婉的劝说方式。你没有直接否定小穆的选择，而是通过提出谨慎投资的观点，引导他自己去思考问题。这样的方式更容易被接受，因为它没有直接触犯到小穆的自尊心。同时，你也给出了一些具体的建议，比如多了解相关信息，这可以让小穆感受到你的关心和支持，从而更愿意听取你的意见。

三、问几个戳心的问题，让他们反思

有一天，你听说好友大冯想要放弃目前稳定且收入不错的工作，准备投身网红直播带货行列。你了解到，大冯是看到了一些网红一夜暴富的故事，心生羡慕，认为这是一个快速成功的捷径。

你找到大冯，你一提起他想做网红带货的事，他就滔滔不绝讲起来。你打算劝说他再好好考虑考虑。然而，你一开始的劝说方式并不明智。

错误反驳：大冯，你别傻了，你以为网红是那么容易当的吗？你看到的都是成功的案例，失败的多了去了。

大冯立刻反驳："你怎么知道我不行？别人能成功，我为什么不可以？你这是乌鸦嘴！"

错误原因：过于直接地表达了对大冯想法的质疑，没有尊重他的梦想和热情，这导致他感到被贬低和误解。有效的沟通应建立在理解和尊重的基础上，避免一味打击对方。

你意识到自己的错误，决定问他几个戳心的问题，引起他的反思。

正确反驳：大冯，听说你想当网红啊，真是个大胆的想法！不过，在决定之前，我想问你几个问题。你准备好面对镜头前的压力，以及可能的负面评论了吗？你了解直播带货的具体操作和背后的辛苦吗？还有，你打算怎么

在众多的网红中脱颖而出呢?

正确原因: 这次你采用了提问的方式,让大冯自己去思考和面对可能遇到的问题。这样的方式既不会直接否定大冯的梦想,又能有效地引导他进行深入的反思。通过提出具体而现实的问题,你帮助大冯看到了网红之路并非想象中那么简单,从而让他能够更加理性地做出决定。

小结

盲目跟风者的心理动机

盲目跟风者,时尚潮流的忠实粉丝,紧跟流行步伐,生怕错过任何一股"风"。他们追风逐影,在模仿中找寻归属与认同。

如何应对盲目跟风的人

❶ 聊聊长远的事,把跟风行为放到时间的长河里,看看它是不是真金,能否经住时间的考验。

❷ 鼓励他们多想想,别急着跳进潮流的旋涡,停下来,思考一下,是不是真的要跟着大家跑。

❸ 问戳心问题,用问题点亮他们心中的灯,让他们看看跟风背后的真相,是不是真要追逐的那束光。

---

05 面对死守规矩的人,鼓励他勇于尝试

在生活和工作中,你是否常遇到那些死守规矩的人?他们像顽固的堡垒,让你的新想法、好机遇频频受阻。别急!这里有破解之法,带你走进他

们的内心世界，教你巧妙应对，打破僵局！

一、用试错机制引领"规矩控"走向新大陆

你的同事小史是个出了名的"规矩控"，无论做什么都严格按照既定的规矩来。最近你们受公司指定合作攻关一个项目，你提出一个新的解决方案，立即遭到了小史的反对。

错误反驳：小史，你怎么就不能尝试一下新的做法呢？总是守着那些老规矩，有什么意思？

小史立刻反驳："规矩就是规矩，这样做肯定是最稳妥的。新的做法万一失败了怎么办？"

错误原因：你的反驳过于直接和简单，没有理解小史守规矩背后对安全感的需求。只是指责小史不尝试新做法，没有给出合理的理由和解决方案，容易引起小史的反感和抵触，无法有效地说服他尝试新方案，反而加剧了矛盾。

死守规矩的人的心理动机通常源于对秩序和稳定的追求。他们倾向于遵循既定的规则和流程，因为这能给他们带来安全感和控制感。这种心理动机可能源于对不确定性的恐惧，以及对熟悉和可预测环境的依赖。

因此，你可以通过提出试错机制进行劝说。

正确反驳：小史，我知道你做事一向稳重，守规矩确实能减少出错的可能性。但是，尝试一些新的做法也许会带来意想不到的成功呢！就算失败了，也能从中学到很多东西。我们不妨设立一个"试错机制"，尝试新的解决方法，看看效果如何。一旦成功，我们就能提前完成任务，获得公司嘉奖呢！

正确原因：首先，你肯定了小史守规矩的价值，没有直接否定，减少了其抵触情绪。接着，你提出了一个具体可行的方案，即设立"试错机制"，

这既能降低风险，又能带来可能的收益，从而让小史感到尝试新方案是有价值的。最后，你将尝试新方案与获得公司嘉奖联系起来，激发了小史的积极性。

二、权衡长短期，助力"守规者"稳步冲线

你与朋友阿桂合伙做生意，看到商机来了，你要出手了，可阿桂死守规矩，说："现在出手太冒险了，跟我从大佬书上看到的投资理念有冲突啊，我们还是要观察一下！"

眼看商机就要错过了，你很着急，于是脱口而出——

错误反驳：阿桂，你咋就这么死板呢？规矩是死的，人是活的嘛。你这么守规矩，难道想看着钱从眼前溜走？

阿桂眉头一皱："你说得轻巧，规矩就是规矩，哪能随便破？万一亏了，你赔偿吗？"

错误原因：未能尊重和理解对方对规矩的坚守，直接指责其死板，这种方式过于生硬，缺乏沟通技巧，容易引发冲突，且未能有效传达变通可能带来的长远利益，因此难以说服对方。

其实，你可以通过跟他讨论长期与短期的权衡来劝说他——

正确反驳：阿桂，我不是要你完全抛弃规矩，而是想让你看到，有时候，稍微变通一下，可能就能抓住大好的机会。死守规矩，短期内确实安全、稳定，但长期来看，咱们可能会因此错过很多机会。你想啊，一棵树如果一直往上长，却从不生出新的枝芽，那它怎么能繁茂起来呢？

正确原因：这样的反驳从长期和短期的角度进行了权衡，既表达了对阿桂坚守规矩的理解，又提出了变通的重要性。言辞简洁生动，更容易让阿桂接受，同时也展示了对未来发展的深思熟虑。

三、深挖规则意图，灵活驾驶"规矩船"航向成功

最近，公司推出了一个新的项目，需要团队成员灵活应变，但阿朱却坚持要按照旧有的规矩来。

你试图劝说阿朱适应新的变化，但初次尝试并不成功。

错误反驳：阿朱，你也太教条了吧。现在情况变了，我们得适应新的环境和需求啊。你总是守着那些老规矩，怎么行呢？我们要有点灵活性，不能一成不变啊。

阿朱立刻反驳："没有规矩，不成方圆。如果每个人都随心所欲，那公司不就乱套了吗？"

错误原因：你的劝说方式过于直接，没有考虑到阿朱的感受。你用"过于教条"这样的负面词汇来形容对方，让对方感到被贬低，从而抵触情绪更强烈。同时，你也没有充分解释为什么需要变通，以及变通的好处。

其实，你可以通过与阿朱探讨规则背后的意图来劝说阿朱。

正确反驳：阿朱，规矩确实能够保持秩序和稳定，我表示理解。但是，规矩的背后其实是为了更高效地达成目标呀。在新的项目中，如果我们能够灵活地调整策略，可能会发现更有效的方法来完成任务。这并不意味着我们要完全抛弃规矩，而是在遵守基本原则的前提下，寻找更优化的方式。你觉得呢？

正确原因：首先肯定了阿朱对规矩的重视，表达了对他的理解和尊重。然后，你从阿朱可能认同的角度出发，即规矩的目的是为了更高效地达成目标，来引导他思考变通的必要性。你没有直接否定阿朱的观点，而是给出了一个更广阔的视角，让他自己得出结论。这样的劝说方式既保留了阿朱的尊严，又有效地传达了你的观点。

死守规矩者的心理动机

死守规矩的人，就像紧紧抱着救生圈，追求的是稳定和安全。他们怕不确定性，喜欢熟悉的环境，规矩就是他们的"定海神针"。

如何应对死守规矩的人

❶ 试错机制就像探险家的指南针，指引我们勇敢探索未知。只有敢于尝试，才能发现新大陆，让规矩与创新并驾齐驱！

❷ 人生就像一场马拉松，短期看似领先的，未必能笑到最后。懂得在长期与短期中权衡，才能稳步冲向终点，赢得胜利！

❸ 规矩不是冰冷的铁链，而是指向目标的灯塔。了解其背后的深意，我们才能在遵守中灵活变通，驶向成功的彼岸！

06 面对爱讲条件的人，设定底线显示你的决心

在合作中遇到爱讲条件的人，常让我们感到头疼。如何既保护自身利益又不让合作破裂呢？下面将带你探索如何在面对苛刻条件时保持冷静，用智慧和策略引导对方回到合作的轨道上，让每一次谈判都充满可能。

一、设定底线，展现决心

你一直期待着能在一项新项目中大展身手，当得知可以和小饶合作时，你满心欢喜。然而，在初步洽谈中，小饶却提出了苛刻的条件。

"这个项目我可以参与，但是我要求更大的利润分成，而且我负责的部分必须完全按照我的方式来做。"小饶一脸严肃地说。

错误反驳：你这也太过分了吧！哪有这样的合作方式，你这不是故意为难人吗？

小饶听了，立刻回怼："我怎么过分了？我有我的能力和价值，我提的条件都是合理的。"

错误原因：你的反驳过于情绪化，没有从实际情况出发去分析问题。只是单纯地指责小饶过分，没有给出任何合理的理由，这让小饶觉得自己不被理解，从而更加坚持自己的条件。

爱讲条件的人可能出于自我保护和充满控制欲的心理动机。他们希望通过设定条件来确保自己的利益，避免潜在的风险。这种行为也可能源于对权力的追求，即通过提出条件来显示自己的主导地位，并试图影响或控制他人。

因此，面对小饶爱讲条件的情况，正确的做法是设定底线，展现决心。

正确反驳：小饶啊，我理解并尊重你的立场，毕竟谁都想在合作中获得更多利益。但为了项目的顺利推进，我们也需要考虑实际操作的可能性。我的底线是利润分成可以商量，但必须在一个合理的范围内，而且项目的整体方向得大家共同决定；否则，我们可能需要重新评估合作模式。

正确原因：首先，你表达了对小饶立场的理解和尊重，让小饶感受到自己被认可。接着，你明确提出了实际操作的重要性，让小饶明白不能只考虑自己的利益。然后，你清晰地设定了底线，让小饶知道你的原则。这样的反驳既展现了你的决心，又不至于让合作完全破裂。

二、提出反例，令其反省

在谈判桌上，你代表公司迎战对方公司代表阿见。阿见跷着二郎腿，严肃地说："如果我们公司要合作，你们的报价必须再降低10%，否则免谈。"

阿见提出的条件苛刻得让人咋舌，你恼火地脱口而出——

错误反驳：阿见，你这是在开玩笑吗？我们已经是最低价了，你这样的条件根本就是在剥削我们的利润空间！

阿见脸色一沉，反击道："市场就是这样，你们不接受，自然有别人愿意接受。别把话说得这么难听，生意场上的事，哪有那么多情面可讲？"

错误原因：你的反驳带有情绪，直接指责对方，会让对方感到被攻击，从而激起对方的防御心理，导致谈判破裂。而且，你没有提供具体的理由或证据来支持你的立场，这可能会让对方觉得你的反驳缺乏说服力。

面对阿见这样爱讲条件的人，正确的做法是提出反例，令其反省。

正确反驳：阿见，我明白你想要为公司争取最大利益，但如果按照你的条件来，那么在原材料成本上涨的情况下，将会导致我们公司运营出现困难，甚至可能亏损。这样的结果，我想对双方都不是什么好事。我们能不能找一个双方都能接受的平衡点呢？

正确原因：首先，你用理解的态度来回应阿见的条件，避免了直接冲突。接着，你提出了一个具体的反例——原材料成本上涨，用可能出现的负面结果来让对方意识到其条件的苛刻。最后，你提出了寻找平衡点的建议，既显示了你的专业素养，又为双方留下了继续谈判的空间。

三、提供替代方案，展现灵活性

你和好友小蒋准备合伙开一家餐馆。你满心期待，然而在商量合作细节时，小蒋提出了一连串苛刻的条件，比如要占据更多的股份、要求拥有经营决策权等。

你一听这些条件，心里顿时不是滋味，于是脱口而出——

错误反驳：小蒋，你这也太不仗义了吧！我们是朋友，你怎么能提出这么苛刻的条件？你这不是明摆着占我便宜吗？

小蒋一听，火冒三丈地回怼："我怎么就不仗义了？商场无父子，亲兄弟还明算账呢！相比于你，我更有相关经验，怎么能说是我占你便宜？"

错误原因：你直接质疑了对方的品格（"不仗义"）和动机（"占我便宜"），这很容易让对方感到被冒犯，从而产生防御心理，进行激烈的回击。

那么，该如何正确应对这种情况呢？你可以尝试以下方式——

正确反驳：哈哈，小蒋，你提的条件确实有点棘手啊！不过，咱们可以慢慢谈。股份和经营权的问题，我觉得可以有更公平的方案。比如，我们可以根据各自投入的资金、资源和精力来合理分配股份。至于经营权，我觉得可以设立一个管理团队，大家共同参与决策，这样既能保证我们双方的利益，又能避免一人独断。你觉得呢？

正确原因：首先，你没有直接否定对方的条件，而是通过提出替代方案来展示灵活性，这有助于保持谈判的友好氛围。其次，你用幽默的方式缓解了紧张气氛，使得对话更加轻松。最后，你提出的替代方案既考虑到了双方的利益，也体现了对合作关系的尊重和维护。

小结

爱讲条件者的心理动机

爱讲条件的人，像精明的小狐狸，总想通过设条件来保护自己，捞点好处，顺便秀秀自己的"主导权"，真是既精明又狡猾！

如何应对爱讲条件的人

❶ 明确合作红线，既不轻易退让，也留有余地，让爱讲条件者知道，合作需要双方共同的努力和协商。

❷ 用实例提醒对方，苛刻条件可能反伤自身。让对方从另一个角度审视问题，意识到合作中的共赢之道。

❸ 当遇到难题，不妨换个思路。提出替代方案，既满足双方需求，又展现智慧与创意，让合作更加顺畅。

yes

no

PART5 反驳，有时是为了碰撞思想的火花

反驳，不仅是观点的输出，更是智慧的碰撞，激发思想的璀璨火花。面对不同意见，从夸奖出发，共探真理；面对绝对言论，倡导灰色地带……在你来我往的言语交锋中，让思考更加深邃广阔！

01 面对追求完美的人，引用"80/20 原则"劝说

面对身边的完美主义者，你是否曾感到沟通困难，甚至因此产生矛盾和冲突？他们追求完美，而现实却总有不尽如人意之处。别担心，下面带你探索与追求完美者和谐相处的秘诀，让你的沟通更加顺畅，关系更加融洽。

一、引用"80/20 原则"

有一天，你与同事小袁一起讨论一个即将上线的项目。小袁坚持每一个功能点都必须毫无瑕疵，但时间紧迫，资源有限。你试图说服她可以先上线核心功能，后续再迭代优化，可她却认为这是对品质的妥协。

你有些着急，于是脱口而出——

错误反驳：你总是追求完美，但完美是不存在的！你这样只会拖累整个团队，我们得赶紧上线，别那么挑剔了！

小袁立刻反驳道："追求完美怎么了？难道就应该放任错误存在吗？如果品质不过关，上线后客户流失怎么办？"

错误原因：你的反驳过于直接和尖锐，没有考虑到小袁追求完美的初衷和担忧。这样的回应只会让她感到被误解和攻击，进而更加坚持自己的立场。

追求完美的人通常受内在驱动，力求每件事都尽善尽美。他们的心理动机可能源于对成功的渴望、对自我价值的证明，或是内心的完美主义情结。这种追求完美既体现了他们的责任心与坚持，有时也可能导致过度的压力和焦虑。

因此，你可以换一种方式进行劝说——

正确反驳：小袁，你的追求完美精神确实值得敬佩，但你知道吗，有个

"80/20 原则"，就是说为了达到完美，最后 20% 的效果需要付出 80% 的努力。咱们现在先把核心功能做到 80%，快速上线占领市场，后续再根据用户反馈来优化那剩下的 20%。这样既能满足用户需求，又能给团队喘息的时间，岂不是两全其美？

正确原因：通过引用"80/20 原则"，你让小袁意识到在有限的时间和资源下，先做到"足够好"可能比追求完美更加实际和高效。同时，你也表达了对她追求完美精神的认可，这让她感到被理解和尊重，从而更愿意接受你的建议。

二、指出完美的相对性

小丽，已经过了 30 岁，还在寻找那个心目中的完美男友。每当有人给她介绍对象，她总是能挑出一堆不满意的地方：身高不够、工作不稳、性格不合……

有一次，你试图劝说她："小丽，其实人都有缺点，没有谁是完美的。重要的是找到一个与你相互理解、相互支持的人。"

小丽反驳道："不，我就要找完美的，否则我宁愿单身一辈子。"

你有些不耐烦，于是说道——

错误反驳：你这辈子恐怕都找不到完美的男友了，因为完美的人根本不存在！

小丽立刻回怼："找不到就找不到，我宁愿孤独终老，也不要将就！"

错误原因：你的反驳过于直接和生硬，没有充分考虑到小丽对完美的执着追求背后的情感需求。这样的话语只会让小丽更加坚定自己的立场，拒绝任何妥协。

其实，你可以与小丽以探讨完美的相对性的方式进行沟通——

正确反驳：小丽，你追求完美，是一种上进的表现。但是完美是个相对概念，也许在你眼中，某个人的某个缺点是无法接受的；但在另一个人看来，这也许正是他的独特魅力所在。所以，我们不如换个角度思考，找一个与你相互吸引、能够携手共进的人，岂不是更实际、更幸福的选择？

正确原因：你通过指出完美的相对性，让对方从另一个角度看待问题。同时，你也表达了对她的理解和尊重，让她感受到你的关心而非指责。这样的回应既保留了她的尊严，又有效地传达了你的观点和建议。这样的劝说也许能让她重新审视自己的择偶标准，找到属于自己的幸福。

三、讨论人生的局限性

端午假期快到了，你和小祝计划着一起外出旅游。你精心制定了一份旅游攻略，可小祝看后皱着眉头说："这个景点人太多了，我们应该换个地方。"

"但那里风景真的很美，而且我们已经预订了酒店。"你解释道。

"预订了也可以取消嘛，我觉得还是有更好的选择。"他坚持道。

你一下子急了，脱口而出——

错误反驳：你总是追求完美，但世界上没有完美的事情！你就不能接受一些不完美吗？

小祝立刻回怼说："我当然知道没有完美，但我只是想做到最好。你如果不愿意，可以不去。"

错误原因：你的反驳虽然指出了完美的不存在，但语气较为生硬，且没有给出具体的解决方案，只是单纯地否定了小祝的追求完美，这会让他感到被误解和攻击。

其实，你可以跟小祝通过讨论人生的局限性这个问题来进行劝说——

正确反驳：小祝，我理解你对完美的追求，但人生就是这样，总会有一些局限性，比如时间、预算、体力等。我们不可能在一次旅行中看到所有的美景，体验所有的文化。也许，接受这些局限性，并在此基础上做出最优的选择，才是真正的完美。你觉得呢？

正确原因：首先表达了对小祝的理解，缓和了气氛。接着引入人生局限性的讨论，让小祝认识到完美难以实现的客观现实。同时提出接受局限性做出最优选择才是真正完美的观点，为小祝提供了新的思考角度，既避免了冲突，又有助于双方达成共识。

小结

追求完美者的心理动机

追求完美的人，内心有股不服输的劲儿，想让每件事都闪闪发光！他们渴望成功，展现自我价值，但偶尔也会被完美压得喘不过气来。

如何应对追求完美的人

❶ 运用"80/20 原则"智慧劝说，以高效且实际的方式平衡追求完美与实际操作，实现最大效益。

❷ 探讨完美的主观性和相对性，让人意识到每个人眼中的"完美"不同，鼓励寻找适合自己的幸福。

❸ 人生是有局限性的，无法尽善尽美。学会接受局限性，并在此基础上做出最优选择，方为真完美。

02 面对他人观点有不同看法时，从夸对方开始

面对他人的观点，你是否曾感到难以提出不同看法？担心直接反驳会伤害感情，但又不想一味附和？别担心，以下教你如何在尊重他人的同时，巧

妙表达自己的立场，让沟通更顺畅，讨论更高效！

一、先夸奖再异议

在公司的午休时间里，你和同事小关一起坐在餐厅吃饭，聊到了最近公司的一个新项目。

"我觉得咱们公司的新项目就应该大刀阔斧地干，直接上大规模宣传，肯定能快速占领市场！"小关挥舞着筷子，信心满满地说。

而你认为这个项目需要稳扎稳打，过于冒进的宣传可能会适得其反。于是，你出口反驳——

错误反驳：小关，你说得倒轻松，大规模宣传很烧钱，万一搞砸了会对公司造成很大的影响。你不能只想着快速占领市场，而不考虑风险啊！

小关一听这话，立马不高兴了："你怎么就知道会搞砸？我这不也是为公司着想吗？你每次都这么保守，公司怎么发展？"

错误原因：你的反驳过于直接且带有指责意味，让小关感觉自己的建议被轻视，甚至被误解为不负责任。没有考虑到小关的积极性和初衷，导致了沟通的障碍。

坚持自己观点的人可能出于对自己看法的深信不疑，希望被认可和尊重，或者追求自我价值的实现。他们可能有强烈的自信和主见，认为自己的观点是正确的，并希望通过坚持来影响他人，达到自己期望的结果。

因此，在面对小关的观点时，你可以先表扬，再批评。

正确反驳：小关，你的点子真是挺有魄力的，快速占领市场确实是个诱人的目标。不过，我也有点担心，大规模宣传虽然效果好，但太烧钱了。咱们或许可以分步走，先小范围试点，看看效果再逐步推进，这样既能保证效果，又能避免过于烧钱，你觉得呢？

正确原因：这样的反驳首先肯定了小关的想法有其积极的一面，表达了对他创意的认可。然后，你平和地提出了自己的担忧，并给出了一个折中的建议。这样的沟通方式既尊重了小关，又有效地传达了你的观点，使得讨论能够在和谐的氛围中进行。

二、运用逻辑推理，指出不足之处

你和朋友阿同在公园里悠闲地散步，讨论着最近的一部热门电影。阿同对这部电影赞不绝口，然而，你并不完全认同他的看法。

你说："我认为这部电影没那么好，剧情有点拖沓，而且某些特效也做得不够真实。"

阿同说："你怎么能这么说？这部电影明明很精彩啊！你看那些影评，都是一片好评！"

错误反驳：阿同，你就是被那些影评给洗脑了！电影好不好，得自己判断，不能光看别人的评价。

阿同不高兴了："你这么说就不对了，评价一部电影的好坏，当然要参考多方面的意见。你一个人觉得不好，不代表所有人都觉得不好。"

错误原因：过于主观且缺乏逻辑支撑，没有具体指出电影的不足之处，只是简单地否定了阿同的观点。

你意识到自己的反驳方式有问题，于是，你决定运用逻辑推理来重新表达自己的观点。

正确反驳：阿同，你说得对，评价一部电影的好坏确实需要综合多方面的意见。不过，如果一部电影的剧情拖沓，那么即使特效再好，也难以让观众保持持续的兴趣。当然，这只是我的个人看法，你可以有不同的观点。

正确原因：运用逻辑推理，具体指出电影的不足之处，并尊重对方的观点，共同寻求讨论的平衡点。这样一来，你不仅表达了自己的观点，还尊重了阿同的看法。这样的讨论方式既理性又有趣，能够让我们对一个问题的认知更深入全面。

三、比较对照，打开对方视野

在小区的绿荫小道上，你和邻居陈典是棋逢对手的园艺爱好者。不过，陈典对某些植物品种有着近乎偏执的偏好。

"你看，这些新引进的薰衣草品种多漂亮啊，咱们小区的花园里应该多种一些。"陈典指着一些薰衣草说。

你心里清楚，虽然薰衣草美丽，但小区花园的多样性同样重要。你出口反驳——

错误反驳：你就知道薰衣草，这花园里得有点别的花，不然多单调啊！

陈典听了，不悦地反驳："单调？薰衣草怎么了？别的花能有这香气吗？你这是不懂欣赏！"

错误原因：直接否定了陈典对薰衣草的偏好，未尊重其感受和观点，容易引起对方的反感和抵触。同时，没有提出具体的理由或例证来支持自己的观点，只是简单地指责花园会因此变得单调，这样的反驳缺乏说服力，无法有效沟通。

面对这样的情况，正确的做法是通过比较对照法来展示对方观点的局限性。

正确反驳：陈典，薰衣草的确很美，香气也很迷人。你看，就像咱们小区之前种的郁金香和玫瑰，它们在春天和夏天给花园带来了不同的色彩和活力。如果我们能在花园里合理搭配各种植物，就能让花园一年四季都有不同的景致，这样不是更丰富多彩吗？

正确原因：首先，你肯定了陈典对薰衣草的喜爱，这让他感到被尊重。接着，通过举例说明其他植物也能为花园增添不同的美，用具体的植物和季节变化来强化自己的观点。最后，提出了一个具体的搭配方案，展示了花园多样性的潜在优势，这样的反驳不仅揭示了单一植物种植的局限性，也强化了自己观点的合理性，促进了有效沟通。

小结

坚持己见者的心理动机

坚持己见者，心中有股"我就是对"的傲气，不仅想让自己的声音被听见，更渴望那"一语惊醒梦中人"的成就感。

如何应对坚持己见的人

❶先给颗糖，再打一棒，让对方在甜蜜中接受不同意见，和谐讨论，共创美好明天！

❷以理服人，用逻辑的力量让对方明白，你的观点不是空穴来风，而是有理有据。

❸通过对比展示全方位面貌，让对方看到更广阔的世界，不再局限于一隅之美。

---

03 面对心存偏见的人，让他换个角度看世界

面对那些心存偏见的人，你是否感到无力又无奈？他们的言论像一堵墙，让你的沟通之路变得崎岖难行。别急，下面带你巧妙绕过障碍，用智慧和幽默化解坚冰，让你的对话之路重归畅通无阻，一起探索如何让心灵之窗重新打开！

一、换位思考，打破偏见之墙

公司准备推行一个新的市场营销策略，而你正好是策略的主要推动者。你向老员工阿兴解释了这个新策略，希望他能理解和支持。他却表示反对："这策略根本行不通，你们这些年轻人就是想得太简单了！"

你有些不悦，立刻反驳——

错误反驳：你这是对年轻人有偏见啊！这个策略是经过我们几个人深入研究和讨论的，不是随便想出来的。

阿兴却冷笑一声："哼，研究？讨论？我看你们就是坐在办公室里拍拍脑袋想出来的吧！"

错误原因：你的反驳过于直接和生硬，没有考虑到阿兴的立场和感受，导致他产生了更强的抵触情绪。而且，你没有尝试引导他换位思考，只是单纯地强调了自己的观点。

心存偏见的人可能出于自我保护，通过偏见来建立一种自我认同，让自己感觉更好；也可能源于他们内心的恐惧和不安全感，通过贬低他人来提升自己的价值感。此外，偏见还可能源于他们缺乏知识和理解，无法接受与自己观点不同的信息。

了解这些心理动机有助于我们更有效地应对偏见，促进理解和包容。因此，为了更有效地与阿兴沟通，你可以尝试以下方式——

正确反驳：阿兴，我理解你对新策略的担忧。但是这个策略是我们在深入调研后提出的。你想想看，如果我们站在客户的角度，他们会更喜欢这种新颖有趣的营销方式吧！而且，我们也考虑到了实施的可行性。当然，如果你有更好的建议，我们也很欢迎！

正确原因：首先，你表达了对他的理解和尊重，这有助于降低他的防御心理。接着，你引导他换位思考，从客户的角度来考虑这个新策略。最后，你还邀请他提出自己的建议和想法，这显示了你的开放和包容态度。这样的反驳方式不仅能够有效沟通，还能够促进团队的和谐与进步。

二、不断提问，引导其反思

在一个阳光明媚的下午，你和朋友阿剑小聚闲逛。阿剑忽然说："你知道吗？我觉得女性不适合做程序员，她们逻辑思维不够强，还是更适合做些文职工作。"

你一听，觉得阿剑的偏见太深，于是没好气地回了一句——

错误反驳：你这是性别歧视！现在女性程序员多的是，她们的能力一点也不比男性差！

阿剑听了，脸色一沉："我只是表达个人看法，你何必上纲上线，这么敏感呢？"

错误原因：直接攻击了阿剑的观点，没有给予他表达的空间，激起了他的防御心理。这种直接的否定没有提供具体的证据或例子，使得反驳显得单薄且缺乏说服力。此外，过于强烈的情绪化言辞可能会让阿剑感到被冒犯，从而加剧了矛盾。

面对心存偏见的阿剑，你可以尝试用不断提问的方式来引导他，让他自己反思偏见的无根据。

正确反驳：阿剑，我很好奇，你为什么会觉得女性逻辑思维不够强呢？有没有什么具体的研究或者数据支持这个观点呢？另外，你觉得女性在哪些领域具有优势呢？

正确原因：首先，你用好奇的语气提问，没有直接攻击阿剑的观点，可以降低其防御心理。其次，通过提问，你引导阿剑去思考其观点的依据，这有助于其意识到自己的偏见可能没有充分的证据支持。这种方式不仅能帮助他认识到自己的偏见，还能促进双方更深入的交流。

三、找找共同点，欣赏多样性

这天，小区里新搬来了一位外国邻居，邻居老金就对你开始了他的"高谈阔论"。

"你看那个新搬来的外国人，他肯定不习惯我们这里的生活习惯，我看他连筷子都不会用。"老金一边说，一边摇头。

你听了，觉得老金的话有点过分，于是你回了一句——

错误反驳：老金，你这人怎么就这么狭隘呢？人家用筷子不熟练又怎么了？你刚学开车那会儿不也手忙脚乱的吗？

老金听了，脸色一沉："我怎么狭隘了？我这不就是关心一下吗？你这是什么意思？"

错误原因：这种带有指责和讽刺的反驳，不仅没有缓解老金的偏见，反而让他感到被攻击，导致他更加坚定了自己的观点。此外，用老金的个人经历来反驳，可能会让他感到尴尬，从而更加抵触。

面对这样的情况，正确的做法是找到共同点，用幽默和理解来缓和气氛，引导老金欣赏多样性。

正确反驳：老金，你说得对，每个人刚到一个新环境都需要适应。不过，我觉得这也是我们小区的一种福气，多文化的交融能让我们学到不少新东西，不是吗？就像你上次教我做的红烧肉，我现在有口福了。也许我们可以邀请新邻居来参加小区的聚会，让他也分享一下自己国家的文化，这样我们就能互相学习了！

正确原因：首先，你肯定了老金的关心，让他感到被尊重。接着，通过提到自己从老金那里学到的烹饪技巧，找到了一个共同点，让老金感受到多样性带来的积极影响。最后，你提出一个积极的建议，即通过文化交流来互相学习，这不仅能够打破老金的偏见，还能促进邻里间的和谐。

> **小结**
>
> **心存偏见者的心理动机**
>
> 心存偏见的人，或许是想保护自己，或许是内心有点小害怕。有时他们就像井底之蛙，见识有限，听不进不同意见，只好靠贬低别人来找自信啦！
>
> **如何应对心存偏见的人**
>
> ❶ 试着引导对方换个角度看问题，让他们穿上别人的"鞋子"走路，感受不同的世界。
>
> ❷ 轻轻抛出疑问，像撒下一颗颗种子，让对方心中偏见的堡垒悄然瓦解。
>
> ❸ 寻找共鸣，发现多彩之美，让偏见在和谐的交流中烟消云散。

04 面对喜欢抬杠的人，转移焦点绕过障碍

在人际交往中，总有一群"杠精"如影随形，无论你说什么，他们总能找到理由来抬杠。面对这些让人头疼的"抬杠达人"，你是选择硬碰硬地较量一番，还是巧妙地绕过障碍？下面，让我们一起探索如何优雅地应对那些喜欢抬杠的人吧！

一、转移焦点，巧妙规避抬杠陷阱

有一天，朋友小戴到你家串门。小戴是个喜欢抬杠的人，总爱找些刁钻的角度来挑战别人的观点。这次，你们聊到了最近上映的一部热门电影。

你刚表达了对电影的喜爱，小戴就开口了："这部电影？我听说剧情很烂啊，你怎么会喜欢这种烂片？"

你一听这话，有点来气，于是直接反驳道——

错误反驳：你说剧情烂就烂？你凭什么这么说？我看是你自己没看懂吧！

小戴哼了一声，不屑地回答："哼，你看你就是那种容易被宣传蒙蔽的人，这部电影网上评价那么差，你还说它好？"

错误原因：你的反驳过于情绪化，直接质疑了小戴的观点，这很容易激起对方的反感，导致争论升级。

喜欢抬杠的人可能出于多种心理动机：有的人可能希望通过挑战他人来展示自己的知识和见解，寻求优越感；有的人可能因内心不满或焦虑，通过抬杠来宣泄情绪或寻求关注；还有的人可能仅仅是为了娱乐或寻求刺激。

因此，面对小戴这种抬杠式的质疑，你可以更巧妙地应对，避免直接陷入争论。你可以说——

正确反驳：哈哈，看来你对这部电影的评价不高啊。不过，每个人的审美都不同嘛，至于网上的评价，毕竟众口难调嘛。你觉得不好看，但我觉得挺有意思的，这就是个人喜好的差异啦。

正确原因：这样的回应既表达了自己的观点，又没有直接否定小戴的看法，保持了和谐的气氛。通过强调个人喜好的差异性，你成功地将话题的焦点从争论电影的好坏转移到了更广泛的审美差异上，从而避开了对方挖出的抬杠陷阱。同时，你的言辞中流露出的轻松和幽默也有助于缓解紧张氛围，让对话更加愉快。

二、巧妙运用反问法化解冲突

你的堂弟是个出了名的"杠精"，总喜欢在任何话题上挑刺儿。这次，在家庭的聚会中，他又开始了他的"表演"。

你兴致勃勃地分享了自己最近一次去旅行的经历，堂弟却立刻插嘴道：

"那种地方有什么好玩的，不就是些山山水水吗？我觉得根本没什么意思。"

你一听这话，心里有些不悦，于是没好气地反驳道——

错误反驳：你觉得没意思就没意思啊？那你觉得什么有意思？你怎么不去找个有意思的地方玩玩？

堂弟一听，不屑地笑了："哼，我就知道你会这么说。我只是实话实说而已，你跟我斗什么气啊！"

错误原因：你的反驳过于冲动和直接，没有有效地应对堂弟的抬杠，反而让自己陷入了更被动的局面。这样的回应不仅没能让堂弟认识到自己观点的主观性，还可能让他觉得你是在无理取闹。

其实，你可以尝试运用反问法来回应堂弟的抬杠。

正确反驳：哦？你觉得那种地方没意思吗？那能不能分享一下，你觉得什么样的旅行地点才算有意思呢？或者，你认为旅行的意义应该是什么？

正确原因：通过反问的方式，你不仅迫使堂弟具体阐述他的观点，还能让他意识到自己的主观判断并不一定是普遍适用的。同时，这样的回应也显得更为理性和客观，有助于保持和谐的交流氛围。此外，你的言辞中透露出的是对话题的深入探讨，而非简单的情绪对抗，这也有助于提升对话的质量。

三、以共情化解抬杠，携手前行

同事小刚，大家都知道他是个喜欢抬杠的人。这次，在项目讨论会上，你又与他发生了小小的争执。

你提出了一个新的项目方案，得到了团队的普遍支持。然而，小刚却表示反对："这个方案根本行不通，我觉得有很多问题。"

你一听这话，心里有些不快，于是冲动地反驳道——

错误反驳：你怎么总是这么消极？每次都想占上风，你就不能支持一下团队的决定吗？

小刚眉头一皱："谁说我想占上风了？我只是提出我的看法，你这么激动干吗？难道我不能有自己的意见吗？"

错误原因：你的反驳中透露出对小刚的不满和指责，没有考虑到他可能有自己的担忧和考虑。这样的回应很容易引发对方的反感，导致进一步的争执。

其实，你可以尝试运用共情与理解来化解这场争执。

正确反驳：小刚，我理解你可能对这个方案有所担忧，担心它可能遇到的问题。我们能否先放下争议，一起探讨如何完善这个方案，让它更加可行呢？毕竟，我们的共同目标是让项目成功，而不是在这里争论不休。

正确原因：这样的回应展现了你对小刚的理解和尊重，你表达出了愿意与他一起解决问题的态度，这有助于缓解紧张氛围，促进团队的协作。此外，你的言辞中充满了积极和建设性的意味，让人感受到你的诚意和决心。

小结

喜欢抬杠者的心理动机

抬杠爱好者们，有的想秀知识，有的想找刺激，还有的只是心里憋屈想找碴儿。一言不合就开杠，真是各有各的戏啊！

如何应对喜欢抬杠的人

❶巧妙转移话题重心，以柔克刚，避免直接冲突，让抬杠者自讨没趣，和谐交流，皆大欢喜。

❷以问制问，不直接反驳，让抬杠者自我反思，理性探讨，彰显智慧，化解争执于无形。

❸设身处地，倾听抬杠者心声，携手解决问题，化干戈为玉帛，共同追求更大的目标。

05 面对过于感性的人，温柔化解，理性反驳

有一些人如同情感雷达，对周围的波动异常敏感。面对这些过于感性的人，你是否曾感到束手无策？既不想伤害对方的情感，又希望能引导他们更加理性地看待问题。别担心，下面为你准备了几种实用的策略，教你如何温柔地化解误会……

一、提出合理假设，让对方冷静下来

在一个阳光明媚的周末，你和女友小荷相约在公园散步。走着走着，小荷突然一脸认真地对你说："我觉得你这个人太自私了，从来都不考虑我的感受！"

听到这话，你心里一急，脱口而出——

错误反驳：小荷，你别乱扣帽子，我怎么就自私了？你这纯粹是无理取闹，能不能别这么敏感！

小荷听了，气得满脸通红："我无理取闹？你根本就不懂我！"

错误原因：你这种强硬且充满指责的反驳，完全没有站在小荷的角度去理解她的感受，只是一味地为自己辩解。这样的回应不仅伤害了小荷的感情，还让她觉得你对她的感受毫不在乎，进一步激化了矛盾。

过于感性的人往往对情感和人际关系有着深刻的体验与依赖。他们可能渴望更紧密的情感联系，对周围人的情感变化高度敏感，希望通过情感的共鸣来加深彼此的理解和联系，从而构建更加真挚的人际关系。

因此，面对过于感性的人，你可以这样回应——

正确反驳：小荷，先别生气嘛，我知道你能这么说肯定是心里有委屈。不过我觉得可能是咱俩之间有误会啦。比如说上次一起吃饭，我没点你爱吃

的菜，那是因为我知道你最近在减肥不想吃，可不是不考虑你的感受呀。

正确原因：首先，你先安抚了小荷的情绪，让她知道你在意她的感受。然后，通过举例解释可能产生误会的地方，提出合理的假设，让小荷明白有些事情并不是像她想的那样。这样的回应既避免了直接的冲突，又能让小荷冷静下来重新思考，有助于解决你们之间的矛盾。

二、先肯定情感价值，再进行鼓励

你的朋友阿果是个感性至极的人，情绪丰富且表达直接。这一天，阿果又因为一些小事而感到失落，向你倾诉。

阿果满脸愁容地说："哎，我真的觉得自己好失败啊，为什么总是有这么多不顺心的事？"

你听了，原本想激励他一下，却不料开口说错话——

错误反驳：阿果，你也太夸张了吧？人生哪有一帆风顺的，你这就叫失败了？别这么玻璃心行不？

阿果立刻火了："你这是什么话？我心情不好找你聊聊，你就这么打击我？真是看错你了！"

错误原因：这种反驳方式忽视了阿果的情感需求，直接否定他的感受，显得冷漠和缺乏理解。在对方情绪低落时，需要的是共鸣和支持，而不是冷硬的理性分析。

面对感性的阿果，你应该先肯定他的情感价值，再进行鼓励，给予信任。

正确反驳：阿果，我知道你现在心情很低落，感觉像是遇到了巨大挫折。但你知道吗？人生就像海浪，有起有伏，现在的不顺只是暂时的。我相信你有能力调整好自己的状态，重新出发。

正确原因：这样的回应首先表达了对阿果情感的认同和支持，让他感到被理解和接纳。接着，通过比喻的方式，将人生的起伏与海浪相比较，既形象又富有哲理，给予阿果正面的鼓励和信心。最后，肯定阿果的能力，让他感受到你的信任和期待，有助于他更快地走出低谷。

三、进行逻辑分析，引导理性思考

在充满活力的办公室里，你和同事小欣一起工作。小欣是个感性的人，她的决策常常受个人情感的影响。

"我觉得我们应该选择这家供应商，他们的态度真的很好，让人感觉很舒服。"小欣满怀热情地推荐着。

你清楚选择供应商应该基于产品质量和价格，而不仅仅是服务态度。情急之中你说——

错误反驳：小欣，你不能只凭感觉做决定啊，小心跟着感觉走，被人带进沟里！

小欣听了，情绪激动："我怎么就只凭感觉了？服务态度不重要吗？你这人太冷血了！"

错误原因：这种直接否定对方观点的反驳方式，没有顾及小欣的情感，让她感到自己被误解和不被尊重。此外，你没有提供强大的理由来支持你的观点，使得反驳显得生硬和缺乏说服力。

面对小欣这样的感性同事，正确的做法是进行逻辑分析。

正确反驳：小欣，我完全理解你看重服务态度的心情，良好的服务态度确实能让人感觉很舒服。但是，我们选择供应商的时候，除了服务态度，还得考虑成本效益、产品质量和长期合作的可行性。比如，我们可以对比几家供应商的报价、客户评价和历史业绩，然后综合考虑，这样不仅能确保我们的利益，也更符合公司的标准和流程，不是吗？

正确原因：首先，你肯定了小欣看重服务态度的情感价值，这让她感到被理解和尊重。接着，你通过提出具体的逻辑分析方法，如对比报价、客户评价和历史业绩，来展示决策应该基于全面的考量。通过这样的方式，你不仅能够有效地引导小欣进行更全面的思考，还能够以一种轻松愉快的方式促进团队的合作和决策。

小结

过于感性者的心理动机

过于感性的人像情感雷达，渴望心灵碰撞，对周遭情绪波动敏感，总想通过情感共鸣加深连接，构建真心实意的人际网。

如何应对过于感性的人

❶ 温柔安抚情绪，用具体例子解开误会，让情感雷达平静下来。

❷ 先拥抱情绪，再用温暖的话语点亮希望之灯，鼓励前行。

❸ 运用逻辑分析，引导全面思考，让感性与理性握手言和。

---

06 面对绝对主义者，展现灰色地带

生活中总会遇到那些思想绝对的人，是不是让你很头疼？他们一根筋，难沟通！想知道怎么巧妙应对，打破僵局吗？别急，往下看，教你几招，让你在面对绝对主义者时不再无奈，轻松化解难题。

一、展现灰色地带，避免非黑即白

在公司的项目讨论会上，你提出了一个创新的解决方案，希望能够提高效率。但阿觉立刻反对："这个方案风险太大，我们不能这么做，必须坚持

我们原来的方法！"

你试图反驳，却不慎出语伤人——

错误反驳：阿觉，你这太死板了，总是一成不变，怎么就不尝试新东西呢？

阿觉听了，脸色一沉："我怎么死板了？坚持正确的方法有什么错？你这是不负责任！"

错误原因：你的反驳显得过于直接和尖锐，没有充分考虑到阿觉的观点和立场。这样的回应方式不仅没有有效地处理阿觉的担忧，反而激发了他的反感，进一步加剧了双方的分歧，不利于达成共识和促进团队合作。

思想绝对的人，可能源于对确定性和安全感的强烈需求。他们害怕不确定性，认为绝对的观点能带来掌控感。也可能出于过往成功经验带来的过度自信，或是为了逃避面对复杂情况时的焦虑，从而选择坚守绝对立场。

因此，面对阿觉这样的绝对主义者，正确的做法是倡导灰色地带，展示问题的复杂性。

正确反驳：阿觉，我理解你对原有方法的信任，它确实稳妥可靠。但世界往往不是非黑即白的，许多情况下存在着大量的灰色地带。我们可以尝试接受这些复杂性，而不是固守绝对的观点。比如，我们可以在小范围内先试行新方案，观察效果，如果有效，再逐步推广。这样既能控制风险，又能探索新的可能性，你觉得呢？

正确原因：首先，你肯定了阿觉对原有方法的信任，这让他感到被尊重。然后，你用灰色地带的概念来展示问题的复杂性，提倡接受和理解不同的可能性。最后，你提出了一个具体的试行方案，这不仅能够有效控制风险，还能探索新的方法，显示了你的开放性和解决问题的能力。

二、提出例外情况，不钻牛角尖

在温馨的咖啡馆里，你和闺密小美相对而坐，她泪眼婆娑地向你倾诉最近的心事。

"他以前每天都会给我打电话、发微信，现在都有两天不理我了，他肯定是不爱我了，外面有人了！"小美伤心地说。

你心里明白，感情的事不可能这么简单就下定论，但小美情绪激动，你试图安慰她——

错误反驳：小美，别这么想，可能他只是最近工作忙，没空联系你而已。

小美听了，情绪更加激动："只是忙？你不懂，这是不在乎我的表现！他以前从来不会这样的！"

错误原因：你的反驳过于简单和片面，没有充分考虑到小美的强烈情绪和她对这段感情的深度担忧。只是单纯地提出工作忙这一常见理由，没有深入剖析小美内心的不安，也没有提供更多可能性来让小美思考。

正确反驳：小美，我懂你现在的心情，突然的变化确实让人不安。但感情的事比较复杂，有时候并不像我们想的那样。有一次他没联系你，不正是因为丢了手机吗？也许这次他有什么特殊的原因，你不妨先听听他的解释。而且，感情的深浅也不是只看联系的频率，不是吗？

正确原因：首先，你用同情和理解的态度来回应小美，让她感到被支持。接着，你通过提出过去的正面例子作为例外情况来说明。最后，你引导小美从更广泛的角度去感受和评价感情，而不是仅仅局限于联系的频率。这样不仅让小美的情绪得到缓解，还帮助她以更全面的眼光看待感情问题。

三、强调灵活性，不要一条道走到黑

在一个阳光明媚的下午，你和表弟一起在公园散步，聊起了他最近找工作的事情。

"我就只想找那种朝九晚五，周末双休，工资还高的工作，其他的我一概不考虑！"表弟坚定地说道。

你想劝劝他，结果不小心说错了话——

错误反驳：表弟，你这想法太天真了，哪有那么完美的工作等着你啊，现实点吧！

表弟听了，一脸不服气："我怎么天真了？我就不能有追求了？"

错误原因：你的反驳太过直接和绝对，没有考虑到表弟对理想工作的向往和期待。这种简单否定他想法的方式，让表弟觉得自己的追求不被理解和支持，从而引发了他的不满和抵触。

面对表弟这样的绝对想法，正确的做法是强调灵活性和适应性。

正确反驳：表弟，你对工作有高追求很棒。但现在就业环境变化快，要灵活适应。有些工作虽不是朝九晚五、周末双休且高薪，但有发展前景和晋升空间。比如创业公司，初期辛苦但后期收获大。刚入职场，积累经验和提升能力比高工资更重要，你觉得呢？

正确原因：首先，你表达了对表弟追求的理解和认可，让他感受到你的支持。接着，强调了灵活性和适应性的重要性，通过举例说明让他明白不同工作的潜在价值和可能性。最后，以询问的方式引导表弟思考，让他参与到讨论中来，而不是单纯地接受你的观点。这样的反驳方式既能够让表弟认识到自己想法的局限性，又能够激发他更全面地考虑就业问题。

小结

绝对主义者的心理动机

或许只是想找个"靠谱"的港湾，躲避不确定的风浪。他们追求掌控感，或因自信爆棚，或是想逃避复杂现实的焦虑。

如何应对思想绝对的人

❶绝对主义者追求黑白分明，但世界其实五彩斑斓。倡导灰色地带，就是拥抱多元，让生活更丰富多彩。

❷凡事都有例外，就像晴空万里也会有雨滴。提醒绝对主义者，偶尔的阴霾也是生活的一部分，不必一味追求完美。

❸生活就像海洋，时而风平浪静，时而波涛汹涌。灵活适应，才能在风浪中稳稳前行，不被绝对观念束缚。